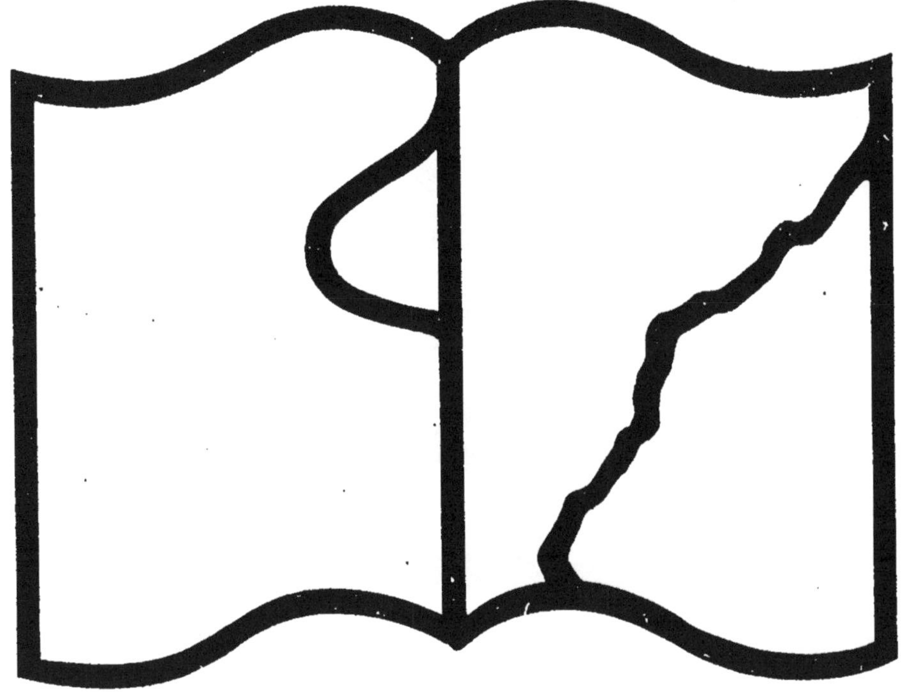

Texte détérioré — reliure défectueuse

NF Z 43-120-11

Symbole applicable
pour tout,ou partie
des documents microfilmés

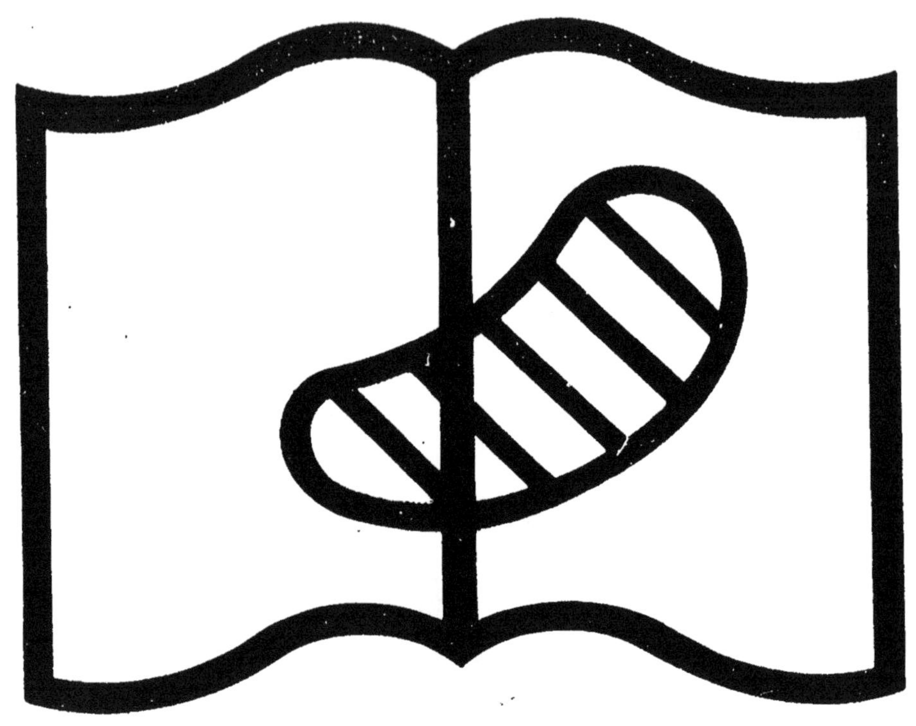

Original illisible

NF Z 43-120-10

Symbole applicable
pour tout,ou partie
des documents microfilmés

XXX

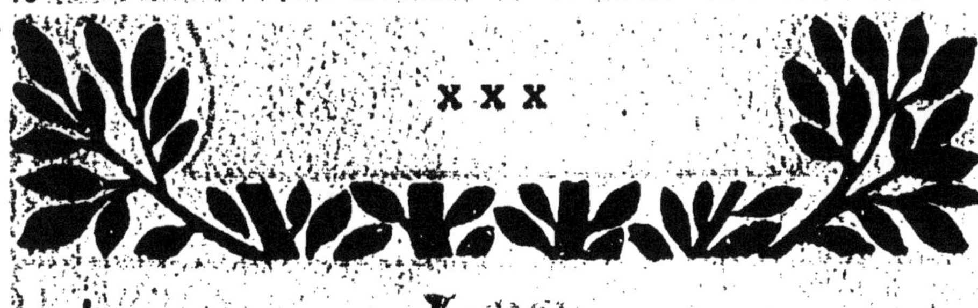

Les Carnets du Roi

LIBRAIRIE FRANÇAISE

L. GENONCEAUX & Cie

ÉDITEURS

4, Place Saint-Michel

En vente à la même Librairie

ASTARTÉ, par VICTOR D'AURIAC. Poésies. Un vol. in-18, avec couverture de Morin . . . . . **3** fr.

LIVRE D'AMOUR, par ARMAND SILVESTRE. In-18 avec couverture de Grasset **3 50**

MONSIEUR VÉNUS, par RACHILDE. Roman. Préface de Maurice Barrès. Couverture de Grasset. In-18 . . . . **3 50**

LA CHANSON A MONTMARTRE, par l'élite des chansonniers de la Butte. Beau volume in-4° raisin, avec 11 portraits, 12 planches coloriées, 44 dessins de Gros et Matet et couverture de Grün. Cartonné **4 50**

Envoi franco contre mandat-poste.

Imp. RENAUDIE, 56, rue de Seine.

Les Carnets du Roi

***

Les
Carnets du Roi

DEUXIÈME MILLE

PARIS
Librairie Française
L. GENONCEAUX & Cie, ÉDITEURS
4, PLACE SAINT-MICHEL, 4

MCMIII

Les Carnets du Roi ont été tirés à dix exemplaires sur papier de Hollande, numérotés et parafés par les éditeurs.

CARNET I

QU'IL EST DANGEREUX POUR UN PRINCE D'ÉCRIRE.

Je tiens en piètre estime les gens qui font métier d'écrire et les historiographes futurs auront peu de difficulté à classer les manuscrits que je leur laisserai, mais ils n'y trouveront guère matière à épiloguer. Mes œuvres posthumes ne leur fourniront aucune moisson de documents sur mon règne et sur les mœurs de mon temps.

Je tiens qu'un roi ne doit pas écrire et, hormis les indispensables signatures qui constituent les exigences de la fonction et quelques notes marginales crayonnées, selon l'humeur du moment, à même les rapports des ministres, il ne faut pas qu'une main auguste coure le risque de se tacher d'encre.

Les collectionneurs d'autographes en seront marris peut-être, mais cela n'empêche qu'ils paieront ma simple signature à plus haut prix qu'un manuscrit inédit de cent pages de M. Camille Lemonnier.

Je sais que beaucoup de princes modernes ne pensent pas ainsi et je tiens qu'ils ont tort.

L'empereur d'Allemagne écrit des vers que personne ne lit et des musiques pour lesquelles il essaye en vain de rendre l'admiration obligatoire.

Le roi de Suède parle beaucoup et écrit plus encore et n'est-il pas humiliant pour lui qu'il ait convaincu l'Europe qu'un millier de ses sujets le dépasse en talent ?

Les autres souverains sont plus prudents,

encore que je tienne que d'aucuns ont tort de permettre à leurs femmes de publier des pensées en prose ou en vers, ce qui permet de comparer ces personnes à Mme Gyp ou à Mme de Tallenay, et de les trouver d'un esprit inférieur.

Je sais, mon neveu, que votre imagination est dépourvue de toute dangereuse fertilité et que si vous êtes parvenu, à force d'application, à correctement exécuter les devoirs à vous imposés par vos professeurs, vous avez toujours senti et compris le danger qu'il peut y avoir pour un prince à lier et enchaîner plusieurs phrases de façon à leur faire exprimer des pensées qui peuvent être fausses et former des programmes qui peuvent être légers.

Ainsi votre penchant naturel vous portera à partager l'avis que vous dicte mon expérience de la politique et des hommes.

Mais encore faut-il que vous sachiez

que, s'il est dangereux d'écrire pour dire quelque chose, on court des risques bien plus grands encore quand on écrit pour ne rien dire.

Pour un roi un billet est plus dangereux qu'un mémoire ou qu'un livre, parce qu'il peut plus facilement s'égarer et que les gazettes de l'opposition le changeront en boule de ridicule pour le jeter à la tête du gouvernement.

Méfiez-vous surtout des femmes; elles ont la manie de collectionner les billets et beaucoup de bonnes mères ont constitué de solides dots à leurs filles en revendant aux amants princiers de celles-ci la preuve des faiblesses et des inconstances de leur cœur.

Je n'ai jamais écrit et c'est à ce point qu'à ce moment M. Eckhoud m'en remontrerait pour le style et le capitaine Lemaire pour l'orthographe.

Aussi m'a-t-il fallu de sérieux motifs pour que j'écrive ces notes, et s'il est vrai qu'elles ne m'ont coûté nulle peine, puisque je n'y ai mis ni ordre ni méthode et que je me suis borné à transcrire, dans l'ordre de leur retour dans ma mémoire, des choses mille fois pensées au cours de ma vie errante, je dois avouer cependant que ce n'est pas sans des appréhensions cruelles que j'ai parfois contemplé ces carnets et maintes fois j'ai cru les détruire.

Mais lorsque nous nous entretenons, les sujets familiaux l'emportent rapidement en intérêt sur les vanités de la politique et je te vois trop peu pour qu'en nos entretiens nous puissions perdre le temps en vains et sages propos.

En outre, ce que je veux te dire, je ne l'ai pas en tout temps présent à l'esprit et c'est bien une raison pour que j'annote mes idées à mesure que les loisirs les ramènent à mon esprit.

Et puis tout est relatif ; comme ces écrits ne s'adressent qu'à vous seul et que vous n'avez nulle tendance à vous faire journaliste, il y a peu de danger que les tribuns de mon pays en accablent ma mémoire.

Les paroles sont d'ailleurs dangereuses aussi et ne s'envolent pas toujours — personne ne prétendra que les discours de M. Lorand aient des ailes — et tous les libelles ne restent pas puisque nul ne se souvient plus des écrits de M. Hannon.

Et si ces raisons, pourtant insuffisantes, amortissent un peu mes craintes, j'en ai quelques autres qui me font trouver à écrire de légers avantages.

Les voyages sont une peu suffisante distraction pour qui n'en a plus d'autre. Je n ai jamais goûté les plaisirs de la table et les vins généreux délabrent mon estomac. Les femmes ont cessé de me préoccuper, et même les petites filles blondes n'ont plus pour ma vieillesse que peu d'attraits.

J'ai pris, certes, toutes les libertés qu'un roi peut prendre et quand je cours les routes ou les mers, je m'efforce de me dégager des encombrements de la politique.

Cependant, je n'ai pas le choix de mes compagnons. Tous les hommes d'ailleurs deviennent courtisans quand ils s'approchent des rois et les courtisans n'ont jamais été intéressants. Les femmes et les valets seuls gardent, autour des princes, quelque liberté, pour des raisons identiques ; mais les unes et les autres manquent d'esprit.

Il ne convient d'ailleurs pas qu'un roi permette des familiarités à ceux que leur devoir ou leur métier rapprochent du trône, même quand ce trône est un rocking-chair ou un fauteuil de jardin en bambou.

Ainsi, j'ai l'habitude de m'ennuyer dans mes voyages, et, une fois donnés aux affaires les soins qu'elles exigent, j'ai toujours préféré l'ennui des rêves solitaires aux conversations obligées et vaines des sots.

Et il est prudent pour un roi qu'il ne s'entoure que de sots. Leur imagination est inhabile à commenter ses actes et à se forger des armes de ses paroles.

Au commencement j'ai essayé de lire les gazettes. Celles de mon pays sont fades et insipides ; les autres sont doctement ennuyeuses ou se complaisent aux niaiseries de l'esprit facile.

Il n'y a rien à apprendre dans les gazettes.

Les beaux livres aussi sont rares. On néglige de me les signaler et je n'ai pas le temps de les rechercher. Et sait-on encore ce qu'il y avait au début d'un livre quand on arrive au milieu ?

J'ai compris ainsi que la lecture est inutile et vaine, et il est raisonnable à vous, mon cher neveu, de ne pas aimer la lecture.

J'avais sans doute d'autres raisons encore d'écrire ces carnets. Mais elles m'échappent à ce moment et il serait d'ailleurs de peu d'intérêt pour vous de les savoir.

CARNET II

DU DANGER DE FRÉQUENTER LES GENS DE LETTRES

Il faut vous méfier des gens qui savent écrire. Ils sont les plus dangereux parmi les citoyens d'un royaume.

Cette race est rare, heureusement, dans notre État et c'est à cela que nous devons la tranquillité relative de notre règne.

Il y a vingt ans, on n'écrivait guère dans le pays, ou l'on écrivait si mal que personne n'y prenait garde.

Depuis lors, on s'est efforcé de révéler les secrets du beau style aux classes instruites et on m'a affirmé que d'aucuns, parmi nos auteurs, écrivent aussi bien que M. Leroy-Beaulieu et M. François Coppée. Mais, comme le sujet est de peu d'intérêt, j'ai toujours négligé de m'informer davantage et je me suis borné, comme je vous conseille de vous borner, à mettre ma signature au bout des palmarès académiques. Comme la signature du ministre suit la mienne et suivra la vôtre, il n'y a à cela pour nous aucun danger.

Mais gardez-vous avant tout de vous entourer de beaux esprits. Ils abuseront toujours de vos paroles et ils sauront en faire argent ; vous serez volé d'autant.

Ils se targueront de votre fréquentation pour se créer de l'influence et des rentes et ils vous vendront en détail sans que vous vous en aperceviez.

Et puis ils sont très capables encore de vous railler, quand ils vous quittent. Ils auront observé vos petits travers, vos petits ridicules, vos tics et les velours de votre conversation comme les lacunes de vos renseignements et ces mille petites choses que les sots n'aperçoivent jamais. Ils vous ridiculiseront dans le cercle restreint de leurs pairs. D'ailleurs un jour ou l'autre, quand ils croiront n'avoir plus aucun profit à attendre de vous, ils ne craindront pas de rendre leurs observations publiques et vous en paraîtrez facilement ridicule.

Pour moi j'ai toujours évité le danger. Et en cela je me suis trouvé d'accord avec les classes éclairées de mon pays. Elles aussi, elles ont fait bonne justice des dangereux hommes de plume et on m'a affirmé que la plupart des jeunes gens qu'on disait avoir du talent ont heureusement quitté le pays ou se sont sagement voués aux affaires honnêtes et au commerce.

D'aucuns sont même devenus fonctionnaires. Quelques autres se sont mis à écrire dans les gazettes et y ont rapidement perdu le talent qui les distinguait de la multitude.

Leurs éditeurs même sont en faillite ou ont cessé leurs affaires et le danger ainsi fut heureusement conjuré.

Et précisément au moment où cette folie nouvelle semblait s'étendre le plus, j'eus un brave homme de ministre qui déclara aux Chambres que mes sujets se nourrissaient de bonne soupe et non de bon langage. Toute la Chambre approuva ces sages paroles ; dans le peuple, la plupart n'y firent pas attention et les autres se trouvèrent charmés.

Seul M. Picard protesta et il se fâcha dans l'*Art Moderne ;* mais les colères de M. Picard sont brèves et ne tirent pas à conséquence.

Je n'ai fait durant mon règne que deux exceptions à la règle que je me suis tracée.

J'ai beaucoup fréquenté M. Banning. Il

était si laid et s'efforçait de penser en toutes choses comme moi. Et puis, il était plus diplomate qu'écrivain et se bornait sagement à délayer en phrases correctes et pondérées des idées très générales.

Je ne détestais pas non plus M. Émile de Laveleye, l'oncle du neveu du grand économiste. Mais il était très entendu en affaires : il avait des principes larges et souples et était très apte à respirer l'air de la cour. S'il ne s'était encombré la tête de trop de faits et de trop de chiffres, j'eusse voulu en faire un ministre. Mais cet homme était né professeur. J'en fis un baron et il se fit luthérien.

Je n'ai jamais fréquenté aucun autre homme de lettres et je m'en fais compliment.

CARNET III

DE LA MANIÈRE DE SE COMPORTER A L'ÉGARD DES ARTISTES

Il y a moins de dangers à s'approcher des artistes mais encore convient-il d'avoir soin d'ignorer leurs mille petites querelles et de montrer à tous une estime égale.

Gardez-vous de sortir, en leur parlant, de quelques lieux communs. Il n'existe pas plus de dix phrases qu'un souverain puisse décemment adresser à ces sortes de gens, mais il faut toujours faire semblant d'écouter avec une grande attention les réponses qu'ils vous font et ils vous sauront un gré infini d'une condescendante admiration que vous leur exprimerez.

Il n'est pas de gens plus sots ni plus vaniteux.

Les sculpteurs ne rêvent que statues à caser sur toutes les places publiques et dans tous les parcs de la ville. Ils vouent à l'argent un culte d'autant plus ardent qu'ils en sont d'habitude fort dépourvus.

J'en connais peu parmi ces gens-là. Cependant j'ai souvent entendu citer un M. Meunier qui aurait beaucoup de génie, un M. Lambeaux qui en aurait un peu, un M. Van der Stappen qui n'en aurait guère et j'ai rencontré M. Vinçotte qui n'en a pas du tout, et qui s'en est autorisé pour rater à maintes reprises mon buste, celui de la reine et celui d'une foule d'honnêtes gens de ce pays.

Les peintres aussi sont à l'ordinaire des besoigneux et ceux dont les toiles se vendent connaissent pour leur argent tant d'emplois bizarres qu'ils se trouvent toujours à court.

Comme les sculpteurs, ils se complaisent en des théories très exclusives et qui marquent les limites étroites de leur intellectualité. Ils s'entre-détestent et s'entre-dévorent. Cependant il ne convient pas que vous médisiez des uns pour complaire aux autres. Ceux qui vous auraient entendu voudraient aussitôt écraser les autres sous vos paroles et c'est votre réputation d'esthète finalement qui en recevrait tous les coups.

Il faut pour qu'on puisse accorder sans déroger à tous ces gens l'attention qu'ils peuvent se croire en droit d'exiger du roi un grand sang-froid et beaucoup de prudence dans les questions qu'on leur pose.

Lorsque les fonctionnaires de la cour vous ont signalé les tableaux et les sculptures devant lesquels il est indispensable que vous vous arrêtiez et les noms de leurs auteurs, vous devez prendre garde de ne pas attribuer à Pierre les œuvres de Paul et de ne point confondre M. Khoppff avec M. Gilsoul ou M. Meunier avec M. de Lalaing.

Je ne cite naturellement ce dernier que parce que je ne me souviens pas immédiatement d'un autre nom, car vous connaissez depuis longtemps déjà ce monsieur long et poli qui peint et sculpte comme les gens de son monde d'ordinaire vont à cheval. Celui-là du moins ne révolutionnera jamais les arts de son temps.

Au surplus, si j'avais l'intention d'écrire ici le guide du parfait inaugureur, j'ajouterais qu'il faut avoir l'air en ces circonstances spécialement affable et simple.

Ayez la mine d'attendre qu'on vous tape sur le ventre et écoutez sans marquer le moindre effarouchement les propos obséquieux et incorrects de M. Lambeaux et les simiesques onomatopées de M. Ensor.

Vous devez même avoir l'air de trouver très simples et tout naturels les cauchemars de ce M. Ensor. Il est chef d'école, il paraît qu'il peint bien et il sera un jour un personnage très important à Ostende, où vous hériterez de ma villa.

Feignez une admiration contenue et générale. Ne critiquez rien et gardez-vous de sortir dans vos remarques de dix banalités congrues.

Celles-là du moins sont indépendantes des modes et des écoles.

Elles peuvent se proférer en tout temps et s'appliquent à M. Robbie, qui gagna un palais à peindre des poires, aussi bien qu'à M. van Rysselberghe, qu'il conviendra d'admirer bientôt et qui d'ailleurs a inventé une nouvelle manière de peindre. Il se place à trois mètres de sa toile, m'a-t-on affirmé, et, secouant énergiquement sa brosse trempée dans la couleur, il projette des éclaboussures avec génie. J'avoue ne rien comprendre à ce système mais on le dit avantageux et économique et il permettrait de peindre à la fois avec les deux mains.

En voilà trop sur ce sujet qui ne m'a jamais beaucoup passionné.

Il faut croire cependant que des gens y trouvent matière à profit puisque l'État fait aux artistes divers avantages et amoncelle dans ses musées les œuvres vivantes de morts et les œuvres mortes de vivants.

Il convient encore que je te parle des musiciens.

Ceux-là constituent bien la race la plus sotte et la plus insupportable qui soit au monde. Ils sont ignorants comme un prince allemand et vaniteux comme un garde civique à cheval. Ils regrettent de ne pouvoir arborer des costumes spéciaux et de n'avoir officiellement droit à aucun panache.

Les têtes de ces sortes de gens doivent comprendre des vides caverneux pour que les ondes sonores y résonnent mieux. Comment expliquer sinon leur suffisance et leur universelle stupidité ?

Beaucoup d'entre eux établissent un rapport singulier entre l'importance de leur talent et la puissance de productivité de leur cuir chevelu. Des peintres, des sculpteurs d'ailleurs, de même qu'encore quelques gens de plume s'adonnant aux vers, partagent ce goût.

Ils s'affublent de vêtements singuliers qui empêchent de voir que leur linge est sale, qui moulent leurs torses et leurs jambes quand ils se croient bien faits ou qui flottent avec ampleur chez ceux qui ont des raisons de douter de leur académie.

Mon neveu, il faut fuir les musiciens, à moins que tu n'aies ce goût singulier du bruit qu'on ne trouve que chez les gens qui rêvent beaucoup et pensent peu.

Pour moi je ne sus jamais supporter les fanfares ni les cantates et je m'efforçais de penser à autre chose les rares fois que les obligations de ma charge m'ont conduit à l'Opéra de ma capitale.

Les beaux-arts sont très inutiles dans un état moderne et leur souci disparaît chaque jour davantage des mœurs civilisées. Les Américains n'ont pas d'art et les Allemands n'en ont plus guère. En sont-ils moins heureux ?

J'ai lu que des princes dans les siècles passés avaient comme le culte de l'art et des artistes. C'est que sans doute alors les mœurs étaient autres. On avait moins de sujets de distraction que de nos jours et il faut bien qu'on s'amuse aux amusements de son temps.

D'ailleurs, ce goût singulier ne s'est jamais manifesté dans notre famille.

On sait du reste que les eaux-fortes de ta mère ne se sont jamais vendues et que ton père fut toujours peu satisfait de la voir perdre son temps et prendre des peines inutiles. Mais ta mère lui objecta qu'elle trouvait du plaisir à ces pratiques et que d'ailleurs elle ne s'y adonnait qu'après les soins du ménage et après les prières indispensables.

J'avoue que je trouve très étrange un plaisir qui consiste à gratter une plaque de zinc avec un clou et à la plonger ensuite dans du vitriol pour s'apercevoir que l'ouvrage qu'on a fait est beaucoup moins bien qu'une mauvaise photographie.

Mais un délassement en vaut un autre et celui-ci, encore qu'il tache les doigts, est des plus convenables et il vaut mieux pour une princesse que de regarder passer les soldats de la garde et d'envoyer des baisers aux jolis lieutenants.

Sur toutes ces choses d'ailleurs tu apprendras en peu de jours tout ce qu'il sied de savoir en ce pays-ci. Ces sujets n'intéresseront que fort peu de citoyens et ces citoyens-là ne sont ni les meilleurs ni les moins turbulents. La grande masse des honnêtes gens a de ces choses quelques notions vagues et générales et qui sont les mêmes depuis cinquante ans. Car ce n'est qu'au bout d'un demi-siècle qu'on déplace quelque peu dans l'enseignement les conceptions admises et les concepts licites. Les gens tout à fait bien sont d'humeur plus stable encore, et dans les couvents les idées ne varient un peu que d'un siècle à l'autre.

CARNET IV

DES ACADÉMIES

Tu seras obligé d'avoir de rares relations avec l'Académie de notre capitale.

Cette association n'offre, il est vrai, ni agréments, ni dangers, ni intérêt.

C'est le sénat de la pensée, le conservatoire des invalides de l'art et toutes les têtes y sont lignifiées.

Là tu n'as à craindre les traits d'esprit redoutables et toutes les échines y sont courbées par une longue habitude de bassesses et d'intrigues.

Les hommes de lettres et les gens d'esprit en sont d'ailleurs exclus systématiquement depuis les origines. Ces messieurs les académiciens se réunissent dans le palais maussade qu'on construisit jadis à mon intention.

Après la mort de mon père et mon emménagement dans les palais royaux, l'affreux immeuble, dont les pierres ont elles-mêmes l'aspect de fausses pierres, se trouva sans destination. On l'abandonna à nos académiciens qui en furent très fiers, le trouvèrent en harmonie avec leurs aspirations et mirent au fronton une large enseigne pour bien marquer leur prise de possession et l'établissement définitif de leur boutique.

L'atmosphère qui règne dans cet antre est telle qu'une momie y manquerait d'air et qu'une taupe y serait victime d'asphyxie.

Il a fallu à nos académiciens une grande persévérance à s'abandonner à leurs penchants naturels pour en arriver à créer ce milieu désormais définitif. Et c'est à tel point que si, maintenant, un homme d'esprit pénétrait parmi ces messieurs, par surprise ou par erreur, il ne pourrait plus de trois heures supporter leur compagnie et s'empresserait d'aller respirer l'air frais du parc voisin.

La buée méphitique qui entoure nos académiciens est telle que, supposée la destruction par le feu de l'horrible palais, elle subsisterait toujours et se recréerait intacte partout où trois de ces messieurs se trouveraient réunis.

M. Wilmotte qui passe pour être le bel esprit de l'assemblée et qui, après avoir été de tous les partis et de toutes les confessions, finirait par créer une religion nouvelle, s'il existait encore au monde une seule personne qui prenne ses paroles au sérieux, M. Wilmotte porte en lui seul le pouvoir asphyxiant de vingt de ses collègues.

Mais M. Wilmotte ne fondera aucune religion. Trop de gens riraient de lui et puis, s'il devenait Dieu, il aurait beau affirmer qu'il est né du crâne auguste de Minerve, on ne le croirait pas et ce serait par pur esprit de conciliation qu'à la rigueur on ferait semblant d'admettre que la partie supérieure, postérieure et charnue de la cuisse olympienne de Jupiter n'est pas absolument étrangère à sa parturition.

Lorsque vous m'aurez succédé sur le trône, non cher neveu, on ne parlera sans doute plus d'une autre académie : l'académie libre de M. Picard.

Ce M. Picard est un avocat très entendu en savantes chicanes.

Il a fondé une université nouvelle et une académie libre, ce qui dénote une compréhension quelque peu arriérée de la propreté des termes ; il a en outre écrit des tas de livres et d'articles et il a fait ces derniers temps une telle consommation de termes singuliers et biscornus que vraiment il doit y avoir dépensé beaucoup d'argent et plus encore de peines.

La reconnaissance publique de ses stagiaires se manifesta naguère généreusement à l'occasion du millième retour sous sa plume du mot cosmique que M. Octave Maus prononce cosmétique.

Peut-être fut-ce aussi au sujet d'autre chose et je n'ai pas d'idées précises là-dessus : les attitudes, les opinions, les gestes et les livres de M. Picard ne font que passer et quand on y regarde ils ne sont déjà plus.

La reconnaissance de ses stagiaires, ai-je dit, se manifesta généreusement et pécuniairement, et une souscription publique dans le but d'honorer d'une manière ou l'autre le Maître produisit plusieurs milliers de francs. Comme on ne pouvait décemment élever à M. Picard une statue équestre, ni l'exhiber toge et toque au vent dans l'attitude de la victoire de Samothrace sur la proue d'un des nombreux bateaux qu'il monta ; comme on ne voulait pas davantage doter un hospice d'esthètes épuisés ou un refuge pour les orphelins auxquels M. Picard avait accordé déjà une très suffisante partie de son activité ; comme on ne pouvait pas davantage publier les œuvres de M. Picard en édition de luxe et sur parchemin à pleines marges, l'illustre homme ayant eu lui-même ce souci de son immortalité ; comme enfin aucun emploi honnête ou sérieux ne s'indiquait pour les sommes recueillies, M. Picard eut lui-même une fois de plus une idée lumineuse et neuve. Il émit l'avis que l'argent pourrait servir à fonder un prix et comme, lorsqu'il s'agit d'un prix à décerner, les candidats sont innombrables dans mon pays, M. Picard décida qu'il ne serait pas trop de quarante augures pour découvrir, parmi la foule des candidats, le vrai mérite, celui qu'il serait juste de nommer prébendier de vingt-cinq louis.

Il fut donc décidé qu'on créerait un club nouveau et que ce club, pour avoir l'aspect d'autant plus imposant, s'appellerait Académie. Les académiciens futurs accueillirent l'idée avec reconnaissance, le reste du peuple n'y prêta aucune attention.

Comme tout ce que fonde M. Picard, la jeune académie ne pouvait être que nouvelle, libre et cosmique.

A la première séance on était sept. Mais M. Van der Stappen présidait et il comptait pour deux. On parla de suppressions mais avec décence et prudemment parce qu'une académie qui se respecte, même libre, ne peut discuter qu'académiquement.

M. James Ensor se montra totalement inférieur, et, entre parenthèses, je te recommande décidément ce M. Ensor. Il m'est arrivé fréquemment de l'accoster sur la digue d'Ostende et de cheminer avec lui en causant. C'est un être bizarre et très abracadabrant. Tu le connaîtras certainement dès qu'il entrera dans tes fonctions d'inaugurer des salons. Ne sois pas autrement étonné s'il t'appelle Monsieur ou même M'sieu. Il appelle ainsi d'ailleurs ta mère qui est sa consœur, et en général tous les hommes et toutes les femmes. Il a un regard malicieux et ironique de singe mélancolique et un sourire qui fait penser à une lune bonasse, barbue et constipée.

Mais à la première séance de l'académie nouvelle, M. James Ensor fut vraiment inférieur.

Il avait formé un projet de fanfare académique et dans cette fanfare il aurait utilisé habilement son talent particulier à jouer de la clarinette avec son nez tandis que tous les autres académiciens indistinctement eussent, sous la direction de M. Picard en personne, fait retentir par la ville repentie et consternée et convertie enfin à l'art cosmique, la voix glorieuse des grosses caisses irréfragables.

James Ensor fut terne et inférieur, ou bien il fut dégoûté simplement de voir M. Van der Stappen compter pour deux. Il n'émit pas son idée. Il ne proposa même pas l'achat d'un drapeau aux couleurs de l'arc-en-ciel, allusion sagace à la variété et à l'éclat du génie des académiciens en général et de M. Picard en particulier.

Mais il faut que vraiment je sois mal disposé aujourd'hui et enclin à l'ennui, pour si longuement parler d'un sujet aussi mince et dont le souvenir même sera effacé à jamais avant ton avènement.

Décidément, notre pays n'est pas mûr pour les idées larges et libres de M. Picard et c'est bien dommage pour M. Picard.

A la seconde séance de sa libre et large académie il n'y eut de présent qu'un stagiaire imberbe et un receveur de l'enregistrement et on ne s'y livra, est-il nécessaire de le dire, à aucun gaspillage inutile d'esprit.

On n'entendit plus parler des séances suivantes. Hormis les académiciens eux-mêmes il n'est personne du reste qui sache s'il y eut d'autres séances.

Voilà bien la vanité des gloires humaines et de leurs fanfares !

Aussi ne faut-il pas que tu t'émotionnes outre mesure lorsque quelque esprit néomane prétendra découvrir un sens nouveau à la lune ou une voie du salut inédite pour les hommes.

Laisse passer les académiciens et leurs académies. Celles qui sont libres le sont si peu et elles acheminent leurs membres vers les autres.

Et ces autres sont les meilleurs soutiens du trône et des institutions ; leurs membres ont d'habitude les deux pieds dans l'assiette au beurre dont ils défendent l'approche à tous autres.

Favorise tous ceux qui encouragent l'habitude de penser en rond qui est la raison d'être de toutes les académies.

Car le jour où tout le peuple docilement recevrait de ces conservatoires des fossiles de la pensée ses lumières et ses idées, l'âge d'or des rois renaîtrait et le métier retrouverait son ancienne splendeur.

Mais, hélas ! ces temps-là semblent lointains encore. Le peuple rit des académies ou ne s'en préoccupe guère et c'est une grande misère.

Et s'il est vrai que de cette façon les académies deviennent inutiles, encore faut-il que tu leur saches gré de leur bonne volonté à vouloir que tout le peuple comme leurs membres pense en bande et tu peux sans danger parfois te rendre parmi les académiciens de l'académie officielle.

Tu t'y trouveras le seul homme parmi tant de sages car pour toi seul ne comptera pas le règlement qui exige que tous ces messieurs déposent au vestiaire les *sacriticoli* dont parle Voltaire — ou ce qu'il leur en reste.

CARNET V

DES SAVANTS, DES PENSEURS ET DES PHILOSOPHES.

Qu'ils le veuillent ou non, tous ceux-là sont les ennemis entre tous dangereux de l'autel, des institutions et du trône.

Ils ne font pas de politique d'ordinaire, mais ils sont plus dangereux que les politiciens à qui ils fournissent les arguments et les armes.

Les politiciens vivent de la menue monnaie des philosophes et, avec les rogatons de leur esprit, ils fomentent les révolutions.

On ne peut enfermer ces gens, ni les

chasser du royaume, ni les pendre. Et c'est une grande misère pour les rois !

Ceux qui s'occupent de la pure théorie et demeurent impassibles dans leurs cabinets et leurs laboratoires, échappent à toute répression.

La seule arme que tu puisses, avec les honnêtes gens du pays, employer contre eux, c'est le silence. Il faut que tu aies l'air de ne pas t'apercevoir de leur existence afin d'éviter qu'en les distinguant tu ne les désignes au peuple ou à ceux qui le mènent.

Tant qu'ils restent sans contact avec la foule, le danger est minime. Mais dès que par bribes et morceaux leurs idées, même défigurées et diminuées, pénètrent parmi le peuple, par l'intermédiaire des tribuns qui sont les changeurs de la philosophie, le trône vacille et tous les sacrements dansent éperdument sur l'autel tremblant.

Et tu ne peux rien, rien, contre ces gens. Tu n'as plus d'inquisiteurs et les moines ne sont plus des moines, mon neveu, et il faut que tu supportes ces tristesses et que sans broncher tu assistes au travail obstiné de ceux qui entrevoient des mondes nouveaux et en montrent le chemin.

Enferme-les dans leurs cabinets, dans leurs tours d'ivoire ; pose des sentinelles qui les empêchent de sortir et tâche que leurs livres naissent dans le silence et l'indifférence qui tuent.

Mieux vaudrait encore peut-être fournir à ces gens que tu ne peux détruire des sinécures plus ou moins dorées : quelques-uns du moins, de cette façon, se laisseraient domestiquer.

Mais je crois bien que me voici en train de te tenir de vains propos, car de ces gens-là, il ne s'en trouve guère parmi tes sujets.

Le désintéressement n'est pas chez nous une vertu nationale. Nous n'avons en outre aucun philosophe, puisqu'on ne saurait donner ce nom aux marchands de philosophie qui débitent leur marchandise dans les écoles.

Nous n'avons pas davantage de savants amis de la science pure et qui ignorent les profits d'argent. Nos savants à nous sont gens méthodiques et pratiques et savent le prix de leur science. Et ne te figure pas un instant que ces savants-là soient des gens dangereux ou susceptibles de déchaîner une quelconque révolution. Ils cultivent exclusivement ces sciences qui nourrissent leur homme et, s'ils agissaient autrement, notre peuple y mettrait bon ordre et livrerait au cabanon des hommes assez fous pour être désintéressés.

Les penseurs, au sens propre du mot, ne constituent pas non plus un produit national. A quoi bon penser des pensées qui ne rapportent rien, se dit notre peuple.

Nos gens réellement n'ont pas la cervelle façonnée pour l'éclosion des fécondes et généreuses cogitations.

La pensée n'est pas une marchandise et notre peuple ne veut produire que des marchandises.

Ainsi ai-je perdu mon temps à te tenir de vains propos. Mais je me pardonne parce que, pendant quelques instants, cela suffit à distraire mon ennui.

Au surplus, sois sans crainte et ne te laisse pas émouvoir par l'aspect extérieur des personnes et des choses.

Il est chez nous quelques imposteurs de la pensée et de la philosophie, car notre peuple a la manie de l'imitation et de la contre-façon.

Traite avec une dédaigneuse pitié ces gens qui font semblant de penser et qui prennent l'aspect profond de ce pauvre M. Hector Denis, dont le cœur est un théorème et l'esprit une addition et dont le cuir se tanne au souffle inconstant des statistiques.

Ces faux penseurs-là ne firent jamais grand mal et quoi qu'ils disent et quoi qu'ils fassent, ce n'est pas eux qui déchaîneront les émeutes et lâcheront les appétits des foules.

Les foules les regardent et, ne comprenant rien à leurs façons, les admirent et passent sans y faire autrement attention.

Fais comme les foules, mon neveu.

En cette circonstance, du moins, elles ne se trompent pas.

CARNET VI

DES ÉGARDS DUS AUX JOURNALISTES

Il est une catégorie de gens de plume que bien longtemps j'ai considérés, à tort, comme particulièrement dangereux.

Je veux parler de ces individus qui courent, armés de leurs block-notes, dans tous les lieux où on ne les appelle pas et qui s'inquiètent de tout ce qui ne les regarde pas.

Les paroles et les gestes, les joies et les déboires, les amours et les misères des rois ont pour leurs indiscrètes curiosités des attraits singuliers.

Ces gens nous pourchassent et nous

poursuivent, nous espionnent, nous louent ou nous ridiculisent et sans cesse ils bourdonnent autour de nous comme mouches ennuyeuses.

Nous avons beau faire de nous défendre, de nous cacher en quelque sorte et de nous protéger par toutes les barrières des bienséances conventionnelles et du protocole : les mouches subtiles pénètrent jusqu'à nous, et dans notre alcôve comme sur notre table nous trouvons sans cesse les déplaisantes traces de leur présence.

Les journalistes sont un des fléaux du monde, comme les mouches en sont un autre. Mais, comme les mouches aussi, ils sont agaçants, indiscrets et malpropres, et, au demeurant, peu dangereux.

Pendant de longues années je me suis fort mépris sur leur compte et je leur ai voué une haine justifiée sans doute, mais hors de proportion avec leur nuisance réelle.

Lorsque en tout temps je voyais ces gens à mes trousses, me regardant de toute l'attention de leurs yeux étonnés et vaquant avec une gravité magistrale et risible à leur ministère d'indiscrétion, je ne savais me contenir et maintes fois j'ai marqué mon impatience. Mais rien ne touche ces gens-là et je leur eusse fait administrer des coups de bâton par la valetaille que rien n'eût été changé à leur obséquieuse assiduité.

Peu à peu je compris cependant que je m'exagérais la nocuité des journalistes. A mesure que je lisais les compte-rendus de mes gestes dans les gazettes, je compris que les journalistes ont des yeux pour ne pas voir et des oreilles qui n'osent pas entendre et que leur imagination, pour être nulle, l'emporte encore sur leur esprit d'observation.

Je compris également qu'ils sont en général fort dépourvus de littérature et d'esprit et que leurs productions, qui manquent de style en même temps que de sincérité, n'ont rien de cette fougue et de cette flamme qui rendirent terribles aux rois les folliculaires de jadis et justifiaient le pal et les persécutions.

Je compris tout ce qu'il y a d'anodin en leurs reportages et je résolus de ne plus me soucier d'eux.

Je me trouvai même un peu ridicule d'avoir regretté jadis le temps des tyrans où l'on pouvait faire fouetter et embastiller les gens de plume trop fielleux et je finis par approuver la constitution du moins sur ce point qu'elle met les rois à l'abri de quelques errements et les empêche de donner de l'importance aux choses qui n'en ont guère.

Je finis même par approuver les législateurs de mon pays qui laissent toute liberté aux folliculaires, convaincus de l'inoffensive bénignité de tous ces gens qui écrivent mal et ne pensent jamais.

Lorsque tu m'auras succédé sur le trône, imite sans crainte mon mépris pour les gazettiers et montre-toi à leur égard dédaigneux sans colère.

Ces gens d'ailleurs n'ont pas d'existence propre et manquent de toute personnalité. Leur directeur seul pense pour tous et donne à chacun des instructions précises et nettes. Les journalistes ne pensent pas et n'ont que faire par conséquent de la liberté de penser. C'est ce qu'ont compris les directeurs de journaux et ils mènent l'attelage paisiblement : les bœufs marchent sous le fouet et ne s'écartent jamais du sillon tracé.

Dans la presse, les choses se passent

comme chez mes sujets noirs d'Afrique. Quand on a besoin de travailleurs, on s'adresse au chef du village : lui seul compte. On traite avec le chef et on achète les services du village entier qui se borne à fournir les bras et n'a pas d'opinion à émettre.

On achète un village de nègres pour une bouteille de mauvaise eau-de-vie. On achète une rédaction de journal pour un petit bout de ruban.

Tu n'auras même, pendant les premières années de ton règne, à acheter qui que ce soit : j'ai tous ces messieurs dans la manche et je te les passerai avec l'habit.

Mais prends bien garde : tout cela est vrai seulement pour les journalistes de notre pays. Ailleurs, les choses ne vont pas de même.

En France par exemple, qui est un pays que j'ai toujours singulièrement aimé, à cause de son bon peuple naïf et charmant, en France les journalistes sont quelque chose, vraiment, et il faut compter avec eux.

Ils sont d'ailleurs gens fort agréables et ne manquent pas de connaissances de tout ordre.

Ils sont discrets et aimables et on peut les entretenir avec fruit.

Mais ne te fie pas à leurs façons : il en est parmi eux à qui il est permis d'imprimer tout ce qu'ils veulent. Il en est qui savent voir. et dont l'esprit est porté à observer avec malice les petits travers et les petits ridicules des personnages illustres.

Il n'y a pas de grands hommes pour ces gens-là et c'est pourquoi il faut bien qu'on compose avec eux et qu'on s'acquière leur bienveillance à force de prévenances et de gentillesses.

Comme les mœurs du temps ne protègent

plus les rois contre tout ce monde bourdonnant et bruyant et qu'on nous a enlevé la justice sommaire des Bastilles, il faut nous défendre au moyen des seules armes qui nous restent.

Les rubans et les décorations sont ce que nous avons de plus efficace et les républicains de tous pays sont gens particulièrement friands de ces babioles.

Mais les bons procédés sont encore la meilleure de nos armes. Pour peu que nous ayons à leur égard l'air condescendant et familier avec quelque hauteur, les bons journalistes des pays de république nous sont entièrement acquis. Ils sont les derniers à se faire des rois, dont ils n'ont pas l'habitude, des idées singulières et romantiques et il suffit d'un geste amical de notre part ou d'une tenue dont la simplicité affectée nous rapproche de la foule, pour que la presse inlassablement chante nos louanges et s'extasie sur notre bienveillance et notre supériorité.

N'oublie jamais que la France est le point le plus sonore du monde. Le moindre fait et la moindre parole y trouvent une répercussion et un écho absolument inconnus ailleurs.

Le monde, vois-tu, est semblable à une vaste salle de théâtre, dont la France serait la scène.

Souviens-toi toujours, quand tu passeras les frontières de France, que tu entres en scène et que les regards et les lorgnettes du monde entier sont braqués sur toi.

Et dès que tu t'approches de Paris, tu deviens grand premier rôle et jusqu'aux confins du monde on appréciera et on discutera tes gestes et on entendra tes paroles.

C'est une chose qui m'a toujours paru singulière et admirable et je ne sais si c'est pour cela que j'ai toujours aimé me trouver, quoique je ne me sache aucune vocation pour le cabotinage, dans cette France sonore et à Paris qui paraît la ville entre toutes lumineuse, tant sa presse l'inonde de lueurs crues.

Tu seras, à ton tour, pour peu que tu aimes la belle vie joyeuse et libre, attiré par ce pays falot et singulier et par cette ville hallucinante et naïve.

Vas-y sans appréhension, mais observe-toi bien et sache te conduire en homme qui sait que les regards du monde entier sont fixés sur lui,

Sois sans affectation autant que sans gêne. En France on aime ces allures-là et on les dit démocratiques.

Même n'auras-tu nul besoin de cacher tes histoires de femmes, car le monde croit que dans ce pays-là, on a nécessairement des histoires de femmes.

Tu ne pourras que gagner à ce qu'on te

compare au bon roi Henri IV dont les fredaines plus que les victoires illustrèrent la mémoire.

Tâche de faire naître l'illusion que tu es un homme d'esprit.

Fais-toi préparer des mots et des phrases faciles à placer par l'un ou l'autre de tes officiers d'ordonnance et place-les au moment opportun — que par un signe conventionnel ton aide de camp t'indiquera.

En France on affectionne l'esprit facile et peu coûteux et c'est un moyen très simple de se faire admirer.

Il faut que tu marques bien et que tu abandonnes avant tout les allures de pantin constipé que je t'ai vues si souvent.

Le monde entier et tes sujets eux-mêmes te verront sans cesse sous l'aspect que te donneront les gazetiers de Paris.

Ce sera pour toi un grand malheur si tu

déplais à ces gens-là. Et d'autre part, si tu leur plais, cela te facilitera le métier et la vie. Ils savent imposer leur jugement et, s'il t'est favorable, tu n'as plus à te soucier de ta tenue devant le reste du monde, ni de ce que peut penser de toi ton peuple qui jamais n'ira contredire aux jugements de Paris.

CARNET VII

DES FAISEURS DE CARICATURES

Le respect est mort avec les moyens qui, jadis, servaient à l'imposer.

Les rois sont devenus le jouet favori des faiseurs de caricatures et nous n'avons, pour nous défendre contre ces gens, aucun remède.

Ils sont plus malfaisants en somme que les peintres et les sculpteurs de portraits, parce que leurs productions donnent mieux la ressemblance exacte du modèle.

Eussions-nous la beauté de l'Adonis ou de l'Antinoüs antiques, les caricaturistes trouveraient encore matière à nous ridiculiser et découvriraient sur nos visages les pustules les plus cachées de notre âme.

Heureux si, comme moi, tu sais donner à ta face une caractéristique particulièrement saillante et qui, absorbant et distrayant l'attention de ces messieurs, fera qu'ils passent légèrement sur toutes les autres tares.

Le carré blanc de ma barbe vénérable n'a pas toujours, cependant, empêché ces gens de remarquer et de faire ressortir l'étroitesse attristante de mon front.

Jusqu'ici, la caricature t'a épargné. Celle de notre pays s'est vaguement essayée, il est vrai, à s'offrir ta tête. Mais nos caricaturistes indigènes sont si peu dangereux, dépourvus, comme ils sont, d'esprit et de dessin, qu'on peut dire que tu n'as pas eu encore à affronter les feux de cette rampe-là.

Ta tête, d'ailleurs, est une matière ingrate et difficile et comme elle manque de toute espèce de caractère, il te faut craindre que les faiseurs de caricatures ne se vengent en te donnant des laideurs ou des vices imaginaires. Tous ces gens ont beaucoup d'imagination et, une fois qu'ils prennent la peine de mettre cette imagination en mouvement, on ne sait plus où ils vont s'arrêter.

Dispose tes cheveux ou ta barbe — ce sont les seules constituantes d'une expression auxquelles on puisse faire subir de sérieuses retouches — de façon à ce qu'ils accaparent l'attention et qu'il suffise aux caricaturistes de les arranger d'une certaine manière pour obtenir le sourire ou l'éclat désiré.

C'est une chose évidente, heureusement, que le ridicule ne tue plus. Il ne fut d'ailleurs jamais mortel qu'en France, parce que le Français est très enclin à préférer les sautillements légers de l'esprit à la démarche grave de la raison.

Les classes bourgeoises, parvenues de naguère, et qui dominent notre société, ont en elles une abondance de ridicule si considérable qu'elles sont peu portées à apercevoir, chez les autres comme chez elles-mêmes, les côtés risibles.

Aussi comprennent-elles peu de chose aux productions des caricaturistes, quand ceux-ci se contentent d'être spirituels et s'indignent-elles facilement quand la charge devient méchante.

Sem et Cappiello ont eu beau faire de se payer ma barbe et mon allure gauche et dégingandée; le public ne voit guère ce que prouvent leurs dessins.

Léandre fut mieux compris quand il mit l'image de Mlle de Mérode sous la protection de ma barbe. Cela valut une scène de ménage à M. Valère Mabille; mais le peuple, trouvant la ballerine jolie, se contenta de sourire et me supposa une flatteuse verdeur.

Ce sont là amusettes inoffensives et même agréables et leur utilité consiste en ce qu'elles détournent parfois l'attention populaire de nos occupations réelles et nous permettent ainsi de vaquer à celles-ci avec plus de liberté.

Sois caricaturable, sois même caricatural, mais sois-le avec esprit, avec bonne humeur. Car si ta personne amuse le caricaturiste, il te sera peu cruel.

Pour moi, j'ai toujours marché braveme t au-devant du ridicule et je ne me sui, guère laissé atteindre par lui.

Fais-toi une raison de l'inévitable et ne te rebiffe jamais devant les petits ennuis du métier et les misères du temps.

Crois-moi, lorsqu'un ministre ou un journaliste officieux fait du roi un éloge de commande et dont les termes pompeux sonnent faux, cela est plus nuisible et plus dangereux que toutes les caricatures.

On sourit d'un dessin spirituel et on ne s'y arrête guère, tandis que l'on commentera des phrases absurdes et graves et que chacun s'évertuera d'estimer le prix de revient des éloges des courtisans et la part qui lui incombera dans la note des frais, à titre de contribuable.

Notre métier, en outre, ne manque pas de côtés grotesques et ridicules que nous aurions mauvaise grâce d'essayer de cacher.

Offrons en spectacle au populaire notre face et notre allure et ainsi nous détournerons peut-être son attention de nos actes et de notre âme, dont la beauté, malheureusement, n'est pas toujours évidente.

CARNET VIII

QUE L'HUMANITÉ SE DIVISE EN DEUX CATÉGORIES

Puisqu'aussi bien nous avons assez perdu de temps à nous entretenir des gens d'exception, qui sont les plus dangereux, parlons un peu du commun peuple.

C'est sur celui-là que doit s'exercer ton influence royale. Il est d'habitude naïf et facile à conduire et il sera toujours porté à t'aimer à cause des vices et des vertus qu'il croira avoir en partage avec toi.

Ton ascendant sur le peuple dépendra de l'image toute conventionnelle qu'il se fera de ta personne. Sans contact avec toi,

4

le peuple n'apercevra que quelques rares aspects de ton existence royale et il faut que ces aspects-là le frappent de façon à lui suggérer que tu es un être sage, éclairé, et en tout prestigieux.

Ton prestige naîtra de tes paroles, qui doivent être rares, de ta démarche, qui doit être aisée, de ton vêtement, qui doit être soigné sans exagération. Tes actes n'ont rien à voir dans tout cela : le peuple ne s'en préoccupe guère et ne les juge jamais

Je te parlerai sans doute un autre jour des soins qu'il conviendra de donner à l'extérieur de ta personne royale.

Aujourd'hui, je te dirai mon avis sur les distinctions qu'il faudra que tu établisses parmi la foule du peuple et sur la face qu'il te sera utile de montrer aux gens de chaque caste.

Tu partageras l'humanité en deux vastes

catégories, inégales en nombre, mais d'importance sensiblement équivalente.

La première et la plus précieuse de ces catégories est celle des gens qui vivent, comme toi-même, de l'exploitation d'une fiction, qui sont censés, comme toi-même, travailler à assurer le bonheur de tous les autres.

Cette catégorie de gens-là, qui est la première et la plus rapprochée du trône, occupée de biens idéaux, ne peut évidemment produire elle-même ce qu'il faut à sa subsistance. Aussi a-t-elle accoutumé, depuis l'origine des mondes, de prendre sa large part du pain que produit le travail de l'autre catégorie, qui est tout le reste du peuple.

Il est évident que l'humanité pourrait se passer de cette partie d'elle-même qui reconnaît, en quelque sorte, en toi son chef direct et le couronnement de son ordre.

Mais l'humanité ignore ces choses ou fait semblant de les ignorer, parce que chaque homme ambitionne et désire pour lui-même ou pour son fils l'entrée dans la catégorie qui se donne les apparences et s'arroge les avantages de la réelle supériorité.

De dangereux philosophes, des esprits subversifs de tout ordre, ont à maintes reprises démontré l'inutilité et les dangers de cette première catégorie. Ils en ont proposé la suppression et ils se sont efforcés de montrer au peuple qu'il est exploité et peine pour nourrir ceux qui le méprisent, à raison même de la sottise dont il use à leur encontre.

Mais la stupidité des gens de la seconde catégorie est infinie. Parmi ces gens il faut compter tout ce qui par ses mains ou son intelligence travaille, peine et s'agite, produit le pain, le luxe, la richesse et la fortune et n'en garde pour son propre usage que ce que l'autre caste veut bien lui en laisser.

Tous ces gens sont éminemment utiles puisqu'ils sont le fumier sur lequel poussent les fleurs et qu'ils travaillent à faire aux autres d'agréables loisirs.

Tu dois t'arranger pour vivre en bonne intelligence avec ceux de la caste supérieure puisque tu es plus directement leur chef et que tu vis, comme eux, d'une fiction. Et même tu es la personnification de cette fiction puisque tu incarnes suprêmement le vrai dieu de leur culte qu'ils appellent l'Ordre.

La première catégorie est celle qui crée et maintient l'ordre et l'ordre consiste uniquement en la soumission absolue et sans révolte de la seconde catégorie aux exigences et aux caprices de la première.

Car cette première catégorie exige que

le peuple la croie uniquement et suffisamment occupée de son bonheur et de son salut pour qu'il n'ait pas à s'en inquiéter lui-même, et elle proclame en outre qu'elle seule sait ce qui convient au bien du peuple éternellement mineur et incapable de discerner son bien d'avec sa ruine.

Comme voilà des siècles qu'on berce le peuple de ce vieux conte, le peuple a accoutumé d'y voir la vérité vraie et il en est arrivé à dénoncer lui-même comme ses pires ennemis ceux qui, dans son sein, se lèvent et lui crient qu'ils savent l'inanité du vieux conte.

D'ailleurs, les gens de la première catégorie ont eu soin de se créer un argument matériel qui est la force armée.

L'armée est comme une troisième catégorie, intermédiaire entre les deux autres : elle se recrute dans la foule et son but est de protéger la caste de ceux qui content le vieux conte et vivent de l'antique fiction contre les colères possibles ou la tardive clairvoyance de ceux qui suent et peinent.

L'armée s'appuie sur le peuple au point de l'écraser et soutient, au point de l'élever jusqu'au ciel, la caste des exploitants de fictions.

L'armée étant la force et l'intermédiaire qui départage les deux autres puissances, il est très naturel que le roi en soit tout spécialement le chef et qu'il s'efforce de tenir en sa seule main la poignée de ce glaive tout puissant.

Ces divisions établies, la plus élémentaire sagesse te dictera ta conduite en toutes circonstances.

Tu tiendras en main l'armée, puissamment, afin de la lancer, lorsqu'il le faudra, contre quiconque proclamera que les fictions sont mortes et que ceux qui en vivent sont inutiles.

Et tu marqueras aux gens qui vivent des vieux contes dont tu vis toi-même, le respect et l'admiration : ton autorité sera d'autant plus forte que la leur sera plus indiscutée.

Tu honoreras les prêtres, qui vivent de la fiction du bien, et les magistrats, qui exploitent la fiction de la justice, et les politiciens qui créent au profit commun la fiction de la loi.

Tu marqueras à chacun des trois ordres de la première catégorie un respect congru et proportionné ; tu useras à l'égard du militaire d'une rigueur amicale et d'une paternelle sévérité. Et cela te permettra de mépriser en bloc et de bafouer à ton aise toute la masse amorphe, tous ceux du peuple dont le sort et le but est de travailler pour nourrir l'oisiveté de ceux qui lui créent des fictions et inventent les dieux, les lois et les châtiments.

Ceux-là seuls sont les forts. Ils savent susciter d'entre le peuple les porte-sabres qui imposent leurs volontés.

Le peuple écoute avec déférence leurs vieux contes ; il approuve ou se tait.

Les trois ordres de la première catégorie, comme les exécuteurs de leurs volontés du rang intermédiaire, sont séparés en beaucoup de points : la jalousie et l'envie, la folie des préséances et des distinctions les partagent profondément. Mais, malgré toutes les différences, la similitude des intérêts les enchaîne en un faisceau puissant et leur permet de se présenter, petite masse tyrannique et organisée, en face de la grande foule débandée du peuple, le silencieux et rampant ennemi.

Et d'ailleurs, le peuple ne se révolte plus guère. La catégorie des chefs ouvre ses rangs, sans cesse, à ceux du populaire qui montent et à chaque ascension de l'un des siens, le peuple se trouve écrasé par une trahison nouvelle.

Les chefs des fictions et les manieurs d'armes ont ce point de commun que seuls ils ont conservé le prestige des uniformes rutilants et du décor qui en impose.

Le peuple qui s'incline et admire ne songe pas à supprimer.

Tu peux mépriser le peuple, tu peux marcher sur la tête des foules, parce que les foules sont stupides et sans cohésion. Tu peux, à la tête de ceux dont la garde-robe est riche des défroques du carnaval des siècles défunts, braver toutes les colères et toutes les haines.

Cela ne t'empêcherait jamais de passer pour un grand roi — s'il n'y avait la dangereuse et sournoise hostilité de ce monde à côté contre lequel je t'ai mis en garde dans les premiers chapitres de ces carnets.

Les cris de révolte de ces gens qui pensent susciteraient la tempête et balaieraient les trônes si, pour notre salut, toutes les castes ne communiaient sans cesse dans la réprobation de tout ce qui marche en dehors des rangs.

La stupidité des foules et leur lâcheté et leur haine de tout ce qui est libre dans ses actes et dans ses pensées sont le meilleur garant de la stabilité des trônes et de la persistance de l'ordre.

Méprise les foules et encourage leur hostilité à l'égard des fous qui s'inquiètent de leur libération ; sois le chef réel et le couronnement de la première catégorie et sache traiter comme il sied chacun des groupes qui la composent. Sois l'arbitre de leurs fréquentes querelles et concilie sans cesse leurs intérêts parfois hostiles : car il faut que la caste des dominateurs soit unie toujours sous ton sceptre et qu'elle entoure ton trône symbolique, prête à lancer ses porte-sabres contre tous les assauts d'en-bas.

CARNET IX

QUE LA VILENIE DU PEUPLE REND LA VERTU INUTILE ET DANGEREUSE

Je crains, mon cher neveu, qu'il ne te soit jamais possible de concevoir, pour notre peuple, une estime dépourvue de restrictions.

Car il n'est pas beau au moral, notre peuple, quoi qu'il en puisse croire lui-même, et, au physique, il est désolément ordinaire.

Cela te facilitera d'ailleurs la vie. Il est inutile que tu possèdes ou même que tu simules les grandes vertus ; le peuple n'y comprendrait rien. Il te trouverait singulier et voire te taxerait-il de folie et te considérerait-il comme un artiste, ce qui est, à son sens, un état intellectuel très inférieur encore à la simple folie.

Je n'ai jamais caché le mépris que m'inspirait mon peuple, et plus je me montrais dédaigneux et hautain et indifférent, plus on parut me vouer d'affection et de dévouement.

Mais je ne m'y suis jamais laissé prendre et je sais ce que valent les sentiments des gens de chez nous.

On m'a fait la réputatien d'être très entendu en affaires et de m'inquiéter fort du commerce et de l'industrie du pays. Il est vrai que j'ai su mener à bien mes affaires personnelles et que le hasard a voulu que mon règne fût une période d'apparente efflorescence matérielle, parce qu'il fut permis à beaucoup de tripoteurs et de malandrins de réaliser de grosses fortunes en des spéculations dont la masse du peuple fit les frais.

Ces raisons m'ont fait estimer et elles font que je passe pour un bon roi, — d'aucuns même, quoique je n'aie pas accoutumé de récompenser les flatteurs trop sots ou trop roublards, d'aucuns même disent un grand roi — et qu'il te sera peut-être difficile, les affaires ne marchant plus guère, de de ne pas me faire regretter.

Plus encore que tous les autres peuples, le nôtre n'a qu'un idéal unique : s'enrichir. Et garde-toi de le contrecarrer en cela !

Laisse à l'Empereur le soin d'appeler les peuples de la terre à la sauvegarde de leurs biens les plus sacrés. L'Empereur croit encore aux biens idéaux et il est en cela d'accord avec les hobereaux et les épiciers de son pays qui aiment qu'on fasse des vers et qu'on joue du violon, pourvu qu'on n'y mette que des sentiments ordinaires et vagues et qu'on se garde bien d'y révéler du talent.

Tu te passeras, comme moi, de la considération de l'Empereur et de l'estime des artistes.

N'aie aucune honte de déshonorer de cette façon le métier que l'Empereur seul croit encore d'origine sacrée et divine.

Sois de ton temps et prends-en les mœurs. Sois précautionneux et prudent cependant. Considère toujours le trône comme un siège provisoire et n'y attache aucun espoir définitif.

Fais des affaires et enrichis-toi. Les belles théories et les songes-creux ont fait de l'Empereur le prince le plus endetté de la chrétienté.

Et s'il est vrai que par mon commerce de caoutchouc et par mes spéculations de Bourse, j'ai compromis le prestige de la couronne — au fait, il n'y a pas de couronne chez nous et ce mot ne représente qu'une fiction comme tous les grands mots — si j'ai déshonoré le métier, je ne dois rien aux juifs ni aux usuriers de mon pays et je peux les traiter avec hauteur et désinvolture sans qu'il puisse m'en coûter.

Méprise ton peuple et fais tes affaires. Ta réussite sera pour ton peuple le meilleur gage de sa prospérité.

N'attache à aucune chose plus d'importance qu'elle n'en comporte et considère que de toutes les choses du royaume, c'est le peuple qui compte le moins.

Et il te croira d'autant plus supérieur à lui que tu te permettras davantage de lui marquer ta hauteur et ton mépris.

CARNET X

DE LA TROMPERIE

Notre peuple est un peuple de beaucoup de paroles, non pas qu'il soit en rien éloquent ou particulièrement verbeux.

Il est notoire qu'il s'exprime également mal en deux langues, et il est heureux qu'il soit plutôt silencieux et taciturne : jusqu'où irait-il s'il n'en était ainsi ?

Notre peuple parle peu parce qu'il a peu d'idées et que son imagination est sans ardeur. Aussi, lorsqu'il se met à parler, c'est plus spécialement pour dissimuler ce qu'il pense, pour donner le change, pour tromper.

Et c'est pourquoi je dis que ces gens taiseux sont gens de plusieurs paroles. Ils ont la promesse et le serment faciles, parce qu'ils savent que cela est sans importance.

Peut-être pourrait-on dire plus exactement que ces gens n'ont qu'une parole unique et que c'est pourquoi ils la reprennent à chaque fois qu'ils en ont besoin.

Sois rempli de prudence, sois blindé de défiance. Ils te mettraient dedans quoique tu sois leur roi !

On a essayé de me rouler. J'ai su ne pas me laisser faire et pour cela encore on m'a beaucoup admiré, parce qu'on en a conclu que je n'étais ni un imbécile ni un homme scrupuleux, et dans le langage toujours imprécis de chez nous, imbécile et honnête homme, ou homme scrupuleux, c'est tout un.

Il est donc inutile que tu sois fidèle à la

parole donnée : cela serait même dangereux et te ferait mépriser.

Promets tout, jure tout et fais à ta guise.

Si ces façons sont profitables aux plus humbles de tes sujets, tu dois saisir facilement le parti énorme que, roi, tu en pourras tirer.

C'est parce que j'ai été plus menteur, plus faux et plus fourbe qu'eux, que j'ai su me débrouiller au milieu des gens d'affaires — autant dire de gens de sac et de corde, car chez nous, les affaires c'est le vol, avec la manière ; — si j'ai su devenir le plus puissant de la bande et en quelque sorte son chef vénéré, c'est parce que j'ai su comprendre tous les autres, éventer leurs pièges et me montrer en somme plus fort qu'eux.

Je dois dire d'ailleurs que le pouvoir royal, qui m'est apparu parfois comme un obstacle, m'a été, en d'autres occasions, très utile. Mais encore a-t-il fallu que je sache me servir de ce gros atout que le sort avait mis entre mes mains.

Notre situation à nous, vois-tu, complique le jeu et, si elle nous permet de jouer presque sans risques, il faut avouer aussi qu'elle nous oblige à une adresse et à une délicatesse de doigté dont le vulgaire joueur se passe aisément.

En somme, c'est nous qui tenons, dans la combinaison, les dés pipés. Aussi convient-il de nous montrer le moins possible à la table de jeu. Faisons faire nos mises par des intermédiaires et restons dans le fumoir avec l'air de gens désintéressés.

Il ne faut pas que les autres joueurs s'aperçoivent de notre intervention. Ils savent que nous avons toujours plus de jeu qu'eux et ils se méfieraient et regarderaient à leurs mises.

Je sais bien qu'il est encore quelques

bons citoyens qui mettront un certain orgueil à se laisser dépouiller au profit du roi, mais ceux-là sont très rares. Je crois même qu'à ton avènement — et j'espère que ce ne sera pas demain — il n'en restera plus.

CARNET XI

DE LA SIMPLE HONNÊTETÉ, DE CERTAINES AFFAIRES ET LA SUITE DU PRÉCÉDENT

Parmi les vertus qui ne sont pas royales mais dont les peuples aiment à s'attribuer la possession, il y a encore la simple honnêteté.

Elle consiste principalement à ne pas prendre ostensiblement l'avoir du prochain.

Notre peuple ignore cette vertu. De tout temps, chez lui, le vol a été permis et très en honneur Il est seulement quelques façons de voler qui ne sont pas tolérées ou plutôt qui ne sont pas bien portées.

On ne peut se servir, par exemple, sans

encourir le risque de quelques ennuis, d'instruments tranchants ou contondants, ni de fausses clés.

Comme il n'y a aucune honte à voler, on aime que les choses se passent ouvertement. L'escalade nocturne, la lanterne sourde, sont mal considérées et d'ailleurs dépourvues de toute utilité.

On doit se conformer à quelques autres règles encore : on ne peut voler que beaucoup ; les petits vols sont sévèrement jugés.

En guise de pince-monseigneur et de ciseau à froid on emploie le mensonge et le boniment et l'habileté la plus appréciée consiste à arriver à ce que les victimes, persuadées et charmées, vous apportent leurs sacs elles-mêmes.

Il est vrai de dire que les juges, qui sont payés pour défendre et entretenir certaines fictions, interviennent parfois et gâtent tout. Mais d'habitude, ils ont le bon goût de ne se montrer que lorsque l'opérateur a fortune faite ou encore lorsque sa malhabileté notoire rend patent qu'il ne réussira jamais.

Le peuple, en général, voit très mal cette intervention des juges.

Il considère MM. Boulaine et Bonheur comme les plus avisés des hommes et le dernier surtout se voit saluer très bas par ce qu'il a su conserver.

Il en est de même pour M. Philippart et pour MM. Hutt. Ceux-là, d'ailleurs, ont droit à la gratitude nationale : ils ont opéré au-delà des limites étroites du pays ; ils ont fait apprécier et admirer au loin le génie de la race.

Ils n'ont pas, certes, l'ampleur de M. Thijs ni l'envergure de M. Empain. Aussi M. Philippart tomba-t-il victime de juges exotiques et on plaint MM. Hutt d'avoir maladroitement éveillé les colères jalouses d'autres plus puissants.

MM. Thijs et Empain, voilà des hommes. Je n'aurai vu, en somme, que leurs débuts. Tu verras, toi, leur épanouissement; tu les verras superbes, tu les verras acclamés par le peuple, tu les verras portés en triomphe le jour de leur sortie de prison.

Ceux-là mourront glorieux ! Chacun d'eux laissera, par testament, cent mille francs aux pauvres et on leur élèvera une statue auprès de celle de leur ami et collaborateur feu M. Brugmann.

Ainsi, mon neveu, tu n'as pas à te préoccuper de cette pauvre et roturière vertu qu'est l'honnêteté. Elle n'a rien de royal. Elle n'a jamais été en faveur dans notre famille et je m'en suis, personnellement, passé avantageusement.

J'ai réussi dans ces affaires qui, ainsi qu'on le répète si souvent, sont l'argent des autres. Je mourrai riche, si pas content. J'aurai des statues sur toutes les places publiques et cela ne fera pas ma jambe plus belle ni plus longue.

Fais comme moi et reste ainsi dans les traditions de notre race.

Fais tes amis des Thijs et des Empain de ton règne. Leur amitié te sera profitable si tu es prudent, car ces sortes de gens sont toujours heureux de faire part à deux avec les rois.

CARNET XII

OU L'ON COMMENCE A TRAITER DE L'INDISPENSABLE HYPOCRISIE

Je t'ai entretenu de quelques vertus inutiles et dangereuses. Il convient maintenant que je te parle de quelques autres qui sont indispensables.

Et tout d'abord il faut mettre l'hypocrisie.

C'est une vertu primordiale, essentielle. Elle est très répandue dans notre peuple et il faudra que tu la possèdes à un degré éminent si tu veux qu'elle te soit utile.

Aie les mœurs que tu voudras, mais sauve les apparences. On trouve assez naturel que les rois aient des maîtresses. A ce point de vue le bien et le mal varient selon la situation et la fortune et la religion elle-même fut toujours pitoyable aux vices des grands : ils jouissent de tarifs de faveur.

Mais, encore une fois, sauve les apparences. Que le peuple suppose ce qu'il veut, cela n'a que peu d'importance. Mais il ne faut pas qu'il sache, qu'il ait vu.

Que la façade soit austère !

Tu te passeras aussi parfaitement que moi-même de religion. Mais encore faut-il que tu professes, en public, pour la religion et pour ceux qui en vivent, la plus grande vénération.

L'aristocratie de notre pays agit de même d'ailleurs, et elle se trouve très bien de son alliance avec le clergé, alliance dont le bon peuple paie les frais.

Professe aussi le culte de la famille.

Dans toutes les familles bourgeoises, au fond, le mari est un tyran bourru qui se fait servir et choyer par sa femme, et la femme, quand elle n'est pas une imbécile absolue, comme cela arrive fréquemment chez nous, joue l'épouse vertueuse et soumise et, sans en avoir l'air, en prend fort à son aise.

Tu ne t'apercevras d'ailleurs pas de ces choses et ne te soucieras aucunement des mœurs de tes sujets. Dis, comme le sage roi de Prusse — je ne parle pas, évidemment, du laborieux empereur Guillaume — « Qu'on prie Dieu comme on veut dans mon pays et qu'on y baise comme on peut ».

CARNET XIII

QUI EST LA SUITE DU PRÉCÉDENT MAIS OU IL EST SURTOUT QUESTION DE FEMMES

Lorsque tu en auras assez de ta femme et que tu commenceras à pincer les cuisses des dames d'honneur peu farouches, en attendant que tu t'en prennes aux personnes de la haute société, toujours flattées de tes attentions et de tes condescendances, cache ton jeu.

C'est le moment de prendre les apparences d'une vertu intégrale et solide.

Si tu ne trahis toi-même tes écarts, ils ont chance de rester à jamais secrets. Tes conquêtes peut-être, flattées, se vanteront du triomphe de leurs charmes, mais on ne les croira pas, on ne verra dans leurs propos que vantardises vaines.

Les maris, flattés aussi, au fond, voudront avoir l'apparence de tout ignorer et, pendant qu'ils encourageront leurs conjointes, dans l'espérance des avantages de toute sorte qui peuvent résulter de la faveur d'un roi, ils sauront imposer silence aux propos ironiques des jaloux et ils se draperont dans une dignité à ce point exagérée que tout le monde fera semblant de s'incliner devant une telle évidence de vertu, d'autant plus qu'on se dira que le mari cornard tient peut-être, de la qualité des relations de sa femme et de son habileté, une influence dont on pourra se servir ou dont on pourra éprouver de fâcheux effets.

Mais une fois que cette catégorie de femmes aura cessé d'avoir de l'attrait pour toi — et cela arrivera tôt, car elles sont en général inhabiles, sentimentales, respectueuses, vaniteuses et bébêtes — une fois que tu en arriveras aux professionnelles de l'art d'aimer, il te faudra plus de prudence encore et, dès ce moment, tu devras prendre les aspects d'une vertu rigide et d'un bon-bourgeoisisme intransigeant.

Les femmes d'amour sont roublardes et « on ne la leur fait pas ». Un roi ne leur en impose pas plus qu'un client ordinaire et elles auront toujours un amant de cœur dont elles se chargeront de faire, par ton intermédiaire, un honnête homme ou un homme considéré.

Et puis il y a les amants de leurs sœurs qui voudront traiter avec quelque familiarité le monsieur de leur belle-sœur. Cela m'est arrivé à moi-même et j'en ai eu quelques désagréments.

Il y a encore les parents, les amis et les

frères qu'il faut caser. Il est arrivé ainsi à ton grand-père de devoir créer pas mal de sinécures et même quelques baronies absolument imprévues.

Méfie-toi des amoureuses professionnelles. Marque-leur les distances. Sers-toi d'elles sans leur permettre de se servir de toi et sois suffisamment généreux pour que tu n'aies jamais l'air de leur devoir quelque chose.

Avec ces femmes, il faut user d'habileté et de ruse et c'est à peine si quelques personnes de ton service direct peuvent être au courant de tes aventures.

Il faut que tu puisses toujours nier et que tes maîtresses aient l'air de mentir le jour où elles voudraient parler et qu'on les considère comme des intrigantes et des calomniatrices.

Un roi n'est pas plus qu'un bourgeois à l'abri du chantage et cette industrie peut revêtir des formes multiples et diverses.

Il y a surtout le coup du bâtard qu'il faut prévoir toujours pour le parer le cas échéant.

Les dames du monde et les personnes de la cour, quand elles sont très jeunes encore et très inexpertes, sont sujettes aux malheurs et il leur peut arriver qu'elles s'aperçoivent trop tard des conséquences de leurs bontés.

Les professionnelles d'amour pourront toujours s'arranger de façon à te faire endosser la responsabilité des produits de leurs amants de cœur, le jour où elles auront calculé qu'une maternité peut être lucrative pour elles et leur valoir, en fin de compte, d'agréables invalides.

Veille bien à ce point. Les bâtards sont toujours un ennui et une charge pour les princes et il faut éviter d'en faire ou de se voir obligé d'en endosser la responsabilité.

L'hygiène moderne enseigne vingt façons de s'y prendre et, si tu ne les connaissais déjà, la vieille comtesse X..., très volontiers, se chargerait de te documenter.

Dans l'histoire, il y a maints exemples de grandes misères et d'embarras suscités à des princes légers ou inexpérimentés par leurs bâtards.

Ton grand-père lui-même en eut quelques ennuis et pas mal de rentes à payer, ce qui est toujours désagréable dans une famille économe comme la nôtre. Et puis c'est ennuyeux d'avoir des cousins capitaines de son armée ou députés de l'opposition.

Ce sera probablement aussi au moment où tes goûts te porteront vers les amoureuses expertes et artistes en sensations, que tu négligeras définitivement les confitures quotidiennes et légitimes.

Et ce sera le moment aussi où ta femme

commencera à bouder un peu, à se fâcher peut-être, si elle a mauvais caractère.

Ta mère agit ainsi et elle sut constamment porter culotte dans le ménage de ton père et le mener à sa guise.

Il est vrai que ta mère est une femme supérieure et une Hohenzollern et qu'elle a suffi, seule, à ramollir avant l'âge ton père.

Il est vrai encore que mon pauvre frère ne fit jamais preuve d'une grande habileté ni d'une grande énergie et je ne veux pas te froisser en te disant que, si le malheur avait voulu qu'il régnât à ma place, il n'eût jamais eu le quart de ma popularité et n'eût pas davantage eu le plaisir de te transmettre la couronne : le peuple la lui eût remplacée par un bonnet de coton.

Mais j'en veux revenir à ta femme. Elle me paraît avoir un peu du caractère méchant et fielleux qui fit l'infortune de la mienne. Elle te fera des ennuis et Dieu veuille qu'elle ait assez de tempérament pour occuper quelques amants ou qu'elle se prenne pour un sport ou un jeu quelconque d'une passion sérieuse.

Sinon, il y aurait des éclats et des scandales dont ta respectabilité pourrait souffrir grandement.

Mais si, par chance, ta femme avait assez de tempérament pour occuper les loisirs intéressés d'un directeur de théâtre ou d'un aide de camp, compose avec elle, entendez-vous pour vivre sans scandale, à votre guise.

Veillez surtout jalousement ensemble à garder secrets ses débordements. Le peuple, qui te pardonnerait, à la rigueur, de laisser transpirer les tiens, ne te pardonnerait jamais la publicité des écarts de ta femme.

Car, prends-y garde : le peuple veut que

le trône paraisse respectable pour qu'il en rejaillisse quelque éclat sur lui-même.

Il espère qu'on conclura de la vertu apparente du ménage royale à la vertu de tout le peuple.

CARNET XIV

OU L'ON PARLE ENCORE DE L'HYPOCRISIE ESSENTIELLE ET DE SA VERTU DANS LES AFFAIRES ET DANS LA POLITIQUE.

Fais en tout ce que tu veux, mais veille à la façade. Sois hypocrite, sois royalement, sois intégralement hypocrite, sinon tu te perdras.

L'hypocrisie est en notre pays la vertu fondamentale, essentielle. Le peuple tout entier la possède à des degrés divers. Mais le Flamand l'emporte en cet art, car c'est un art ; c'est le Flamand qui dissimule le mieux et qui ment le plus mielleusement. Chez lui, le frère vendrait son frère, le père vendrait ses filles pour de l'argent, mais à ses infamies et ses trahisons il trouvera toujours un mobile noble et beau.

Le Flamand trouve toujours le masque et plus l'acte est infâme, plus le masque apparaîtra lumineux de vertu.

Aussi, c'est le Flamand qui domine chez nous : c'est lui qui est le plus fort, c'est lui qui est le maître.

Vois tous nos politiciens. Quelle est la vertu qu'ils n'ont pas en apparence ?

Vois les socialistes avec leur main sur le cœur ; toujours prêts à mourir pour le peuple, ils arrivent à en vivregrassement. Et lorsque enfin ils meurent de vieillesse, comme Defuisseaux et De Paepe, ou d'excès comme Volders, le peuple est convaincu que c'est pour lui qu'ils sont morts, ou plutôt le peuple fait semblant d'en être convaincu. Au fond il sait à quoi s'en tenir. Mais chaque homme, parmi le peuple, espère que son jour viendra de jouer le grand rôle sur la grande estrade et, en attendant son tour, il admire le jeu des autres.

Sois hypocrite et sache mentir avec sincérité. Voile tes vices et tes débauches et parais au peuple vertueux comme Vandevelde qui ne boit que de l'eau claire, simple comme Picard, qui est notre Diogène, désintéressé comme Destrée qui protège les pauvres gens et se nourrit du pain sec de la gloire.

Ton grand-père fut un très habile homme. Pour se faire offrir le trône que j'occupe et que tu occuperas un jour, que de ruses, que d'intrigues, que de courbettes, de bassesses, de promesses, de mensonges !

Comme il eut l'air de se faire prier, de se laisser faire violence, de n'y pas tenir !

Et cependant, il intriguait de toutes les façons, il s'aplatissait sur les marches de tous les trônes, il se ruinait à payer les faveurs de ceux qui avaient qualité pour l'élire.

Il fallut écarter le concurrent français, et c'était dur ! Mais l'habile homme sut intéresser les souveraines à sa fortune, lui qui connaissait la puissance du rôle des femmes ; il sut triompher de tous les obstacles. Le pape lui-même ne jurait que par ce prince hérétique.

Ton grand-père a réussi ainsi parce qu'il avait toutes les qualités qui font la réussite.

Ses sujets ont cru le violer et le porter malgré lui sur le trône, unique but de sa vie aventureuse.

Et, une fois installé, admire sa sagesse !

Qui jamais a joué comme lui ? Il fut le conseiller écouté des rois, lui, l'aventurier ; il fut l'homme vertueux et désintéressé, lui, le maquignon débauché !

Il a su faire souffrir une femme charmante et douce et la tuer sans susciter la réprobation.

Il a su peupler le pays de bâtards et passer sur la moitié des femmes de la capitale, sans que personne mît en doute sa vertu.

Il a su prendre la syphilis et s'en guérir et la transmettre à son entourage sans faire scandale.

En vérité, je te le dis : notre race est une race de maquignons et c'est pourquoi les trônes de l'Europe échoient, l'un après l'autre, à notre famille d'aventuriers faméliques et beaux joueurs.

Mais ton grand-père fut de nous tous le plus grand et le plus merveilleux. Il fut un maquignon de génie et, après une vie glorieuse et exempte de revers, il mourut en odeur de sainteté.

Tant est grandiose la stupidité du peuple, qu'actuellement il est des gens parmi lui qui regrettent et pleurent les vertus héroïques du fondateur de notre dynastie !

J'avoue que j'ai été moins fort que mon père. J'ai été moins grand, mais j'ai la conscience d'avoir été tout aussi adroit. J'ai conservé et développé ce qu'il avait acquis.

La caisse familiale, quand elle entra en ma possession, n'était pas bien resplendissante. La réussite avait coûté cher à mon père. Il lui restait en outre, d'une jeunesse un peu mouvementée, pas mal de trous à boucher.

Dans toute la bagarre, moi, j'ai surtout considéré la caisse. Et je l'ai remplie. Je meurs riche et, au demeurant, content.

Lorsque je me suis vu roi d'un peuple de trafiquants et de mercantis, lorsque j'ai compris que seul comptait l'argent et qu'il était bien noté de faire argent de tout, j'ai agi comme tout le monde.

Je suis devenu marchand parmi les marchands, trafiquant parmi les trafiquants.

Dépourvu de tous scrupules vains et ayant l'avantage du sceptre, j'ai réussi.

C'est le coup de la colonie qui, surtout, fit ma fortune. Et ici, au moins, je te dis qu'il faut m'admirer !

Où je m'enrichissais, où je gagnais des fortunes, le peuple a vu — ou a dû faire semblant de voir — une entreprise humanitaire et de civilisation.

Je suis, pour tous, un grand civilisateur de nègres, moi qui en fis périr de toutes les morts plus que n'en exterminèrent les négriers les plus féroces et les conquérants les plus sanguinaires.

Moi, qui ai réussi à faire refleurir l'esclavage absolu, un esclavage moderne, renforcé et raffiné, dans l'immense centre de l'Afrique, je passe pour le pacificateur et le libérateur !

Je suis l'Africain, je suis le bienfaiteur de la race noire, moi le trafiquant sans scrupules d'ivoire et de caoutchouc, le grand chef de tous les manieurs de chicotte !

Et puis, vivant parmi les tripoteurs, j'ai tripoté.

La Bourse ne pouvait que me favoriser. N'en tenais-je, comme roi, toutes les ficelles ? N'étais-je pas tout-puissant auprès de ceux qui sont tout-puissants à la Bourse ?

Je fis vendre au peuple admiratif et stupide du papier qui ne m'avait guère coûté. J'empochais les bénéfices que les Thijs et d'autres étaient sensés empocher, — mais j'ai toujours eu l'habileté de laisser à tous leur part et j'ai permis à ceux qui m'ont aidé à édifier ma fortune de faire la leur, ainsi que le conseille la plus élémentaire sagesse.

J'ai si bien joué que j'ai donné le change à tout le monde : à ton père, qui a cru que je me ruinais et qui me regardait avec stupeur en serrant plus fort son magot ; à la reine, qui a cru que je devenais fou ; aux puissances européennes mêmes, qui croyaient avoir assuré ma ruine en me concédant, à charge de les exploiter, des pays sauvages et inexplorés.

Peut-être ai-je trop bien fait : je crains d'avoir crevé le cheval, et je te conseille de chercher une autre base pour asseoir ta fortune.

La colonie est ruinée, ravagée, réduite.

Elle ne produira plus guère. Ceux dont j'ai dû faire mes complices, avec qui j'ai dû partager, ont mieux fait encore que moi-même et l'œuvre de dévastation est à peu près complète.

En outre, mes sujets ont perdu, en même temps que leur argent, le goût de la spéculation. La Bourse est inerte, la Bourse ne va plus et tu ne dois pas compter, pour t'enrichir, sur cette foire aux gogos.

Tu ne trouveras pas mieux sans doute, mais il faut trouver autre chose. Cherche et on verra aux résultats si tu es un homme avisé.

D'ailleurs, je mourrai tranquille et béni. J'ai bien joué mon jeu. Jamais personne ne m'a surpris les mains dans le sac et tu n'entendras pas dire que mes dés étaient pipés.

On maudit mes aides, mes seconds, mes instruments. C'est eux que le peuple accuse de sa ruine et personne ne s'avise de soupçonner qu'ils n'étaient que les pantins et que moi seul j'en manœuvrais les ficelles.

Je te laisse un nom intact et même vénéré et la mémoire de mes actes ne sera pas un obstacle à ta réussite.

CARNET XV

ON Y PARLE DES APPARENCES, D'AMOUR ET DE QUELQUES MISÈRES DE LA VIE

Te voilà convaincu — à moins que ton entendement ne soit fermé à toute raison — de la nécessité, de la primordialité de l'hypocrisie.

Cette vertu est tant forte qu'elle déteint sur les vices mêmes et donne aux plus criants de ceux-ci l'apparence de la parfaite honnêteté.

Cependant il ne faut rien exagérer. Le peuple ne croira jamais à la vertu absolue. MM. Demblon et Daens ont peut-être cette vertu-là ; elle ne les empêchera pas d'être mangés tout vifs par MM. Vandervelde et Woeste, qui savent se servir de la vertu sans être assez sots pour la pratiquer.

Il ne faut rien exagérer. Ainsi, quand j'ai voulu donner le change et détourner l'attention publique de mon activité réelle, quand j'ai désiré qu'on me fiche la paix en Afrique et qu'on me laisse débrouiller mes affaires sans s'occuper de moi, j'ai certainement eu soin de faire publier que je n'étais soucieux que de civiliser des nègres et comme cette sottise était affirmée avec sincérité par quelques convaincus, on y a cru rapidement et cela m'évita quelques petits ennuis.

Mais j'ai fait bien mieux encore, et comme je savais que le vice, pourvu qu'il soit suffisamment égrillard, attire davantage l'attention des peuples qu'une besogne vertueuse et honnête, j'ai pris les apparences du vice et de la dissipation et j'ai fait parler la chronique scandaleuse, afin que les échos politiques demeurent muets.

On m'a cru très occupé de futilités, on m'a pris pour un vieux marcheur authentique et cela m'a valu, auprès de quelques-uns, une auréole à la Henri IV.

Les sincères du vice — car il y a des sots et des sincères partout — m'ont considéré aisément comme leur chef de file vénéré.

Mon innocente visite à Mlle de Mérode fit beaucoup parler ce pauvre M. Demblon, et cependant qu'il vitupérait et appelait à son aide l'arme inoffensive du calembour pour mieux me flétrir, je pus faire, en toute tranquillité, mes petites affaires et je gagnai beaucoup d'argent.

Entre ceux qui souriaient d'un air entendu et ceux qui pestaient et rageaient, j'eus pour moi le grand troupeau des gens sérieux.

Personne ne put leur fournir la preuve palpable, concluante, de mes débordements ; aussi les gens sérieux n'y ont pas cru. Ils m'ont plaint d'être ainsi en butte aux calomnies, alors que, en réalité, je civilisais des nègres, et ils veulent encore, de tout cela, beaucoup de mal à M. Demblon.

Ceci me fournit l'occasion, mon cher neveu, de te mettre complètement au courant de mes mœurs. Aussi bien n'ai-je rien à te cacher et il n'est pas utile que tu croies aux légendes qui pourraient arriver jusqu'à toi.

Ma mère m'a élevé dans la piété et la vertu. Mon père jouait son jeu avec tant d'adresse que jusque vers la vingtaine je l'ai pris pour l'homme le plus chaste et le plus sérieux du monde.

Le jour où j'ai compris, où j'ai vu que ma mère était une martyre et mon père un bourreau libidineux, je me suis fâché tout rouge. Alors, on m'a fait voyager un peu pour ma santé. Pour la première fois j'ai touché aux femmes et j'ai éprouvé que cela n'était pas si mauvais.

Non pas cependant qu'un tempérament ardent me porte à attacher à la volupté un prix exagéré. Mais il y a dans ces bagatelles un je ne sais quoi d'aimable et ces chatouillements ne sont nullement déplaisants, une fois expédiées les affaires sérieuses.

Un jour, on m'a marié et cela m'allait très bien. Mais ma femme a toujours semblé ne prendre aucun plaisir à mes caresses. Ses pensées étaient ailleurs et ses sensations restaient endormies. Mon contact a toujours paru lui causer du déplaisir. Sans doute rêvait-elle de quelque joli lieutenant et elle en voulait peut-être à mon pied bot de détruire toute illusion.

Aussi me suis-je lassé rapidement des

agréments parcimonieux de la reine et de ses façons altières et sèches. Bientôt je n'eus plus avec elle que les rapports imposés par ma charge, qui comprend le devoir de procréer des héritiers de la couronne.

C'est alors que j'ai vu que les jolies filles ont bien de l'agrément et je ne m'en suis pas privé.

Par malheur, l'une d'elles fut plus roublarde que les autres et parvint, je me demande encore comment, à s'imposer à mes volontés, à jouer le rôle de maîtresse légitime.

Elle me tenait vraiment, celle-là, par le bon bout. Sans nulle beauté spéciale, elle eut l'art de donner à mes sens toutes les ivresses souhaitables. Elle allait au-devant de mes caprices et devinait, avec une science profonde des instincts du mâle, mes plus inexprimables désirs. Jamais le misérable perchoir à gonocoques qu'est ma mentule en forme de marteau à manche courbe, ne fut à pareilles orgies.

Ce qui devait arriver arriva : la maîtresse artiste usa et abusa de son influence ; elle se crut des titres et fut jalouse de garder seule la place ; elle fut cause de terribles orages domestiques et je ne parvins qu'à grand'peine et à prix d'or à m'en défaire.

Méfie-toi de ce genre de femmes. Elles sont terribles et, pour quelques agréments qu'elles vous procurent, elles vous empoisonnent la vie et sont cause de mille misères.

J'ai longtemps aimé les petites filles blondes. Quand elles sont toutes jeunes et toutes blondes, elles ont des yeux bleus si candidement pervers et leur contact naïf, le frôlement léger de leurs cheveux dénoués, leur bonne volonté et leur sottise au jeu d'amour, tout cela m'a ravi pendant quelques années.

Alors survint l'atroce et stupide maladie. Voici bientôt vingt-cinq ans que cela ne va plus, que l'hématurie me condamne à la vertu, que je me suis attiré le souverain mépris de la reine.

Depuis vingt-cinq ans, c'est fini. Et cependant la vue et le contact des jolies petites filles blondes me charme encore, malgré qu'il me cause de cuisantes douleurs. Mais si mes jeux ne sont pas toujours absolument innocents, M. Demblon vraiment peut dormir en paix. Je ne fais plus grand mal aux jolies petites filles blondes. A moins que je n'aie eu des prédécesseurs ou des suiveurs, leurs maris, si elles se marient un jour, trouveront la porte de vertu bien close et garderont intacte la chère illusion. Une bouche n'est pas moins chaste et douce à baiser pour s'être déjà docilement soumise aux baisers d'un roi ou d'un pauvre homme.

Je suppose que Mlle de Mérode est très vierge encore. Je n'ai rien fait, dans tous les cas, qui pût l'empêcher de l'être.

Ce n'est pas mon type de femme. J'ai trouvé sa danse amusante et j'ai tenu à le lui dire en profitant de l'occasion pour explorer des coulisses.

On m'a assuré que cette personne n'avait pas été étrangère à la diffusion de la légende et qu'elle avait trouvé, à passer pour « la mie du roi », une excellente réclame.

Je n'en crois rien, mais cela me paraît cependant très possible.

Les femmes sont remplies d'astuce et de calcul et il faut s'en méfier, car la réclame qu'elles tirent de notre politesse ou de notre condescendance peut engendrer des déboires plus graves que les colères et les vitupérations de M. Demblon.

Malgré tout, cette aventure ne m'a pas

été inutile. Chaque fois que je me rends à Paris ou ailleurs pour mes affaires ou pour mon agrément, de bonnes gens sont convaincus que je cours les femmes. Et mieux vaut-il, en somme, pour un roi, de passer pour un vert-galant que d'avoir les apparences et la réputation d'un brasseur d'affaires.

Si tu crois utile, un jour, de recourir à cette hypocrisie qui consiste à feindre un vice bénin pour en celer un autre plus grave, mets-y de l'adresse et du bon goût.

Tu me parais être d'un naturel bourgeois et très homme d'intérieur et tu feras bien, avant tout, de veiller à avoir la paix dans ton ménage.

Pour cette raison, il serait sage à toi de n'aller aux femmes que sur le tard, car, malheureusement, tu iras aux femmes. C'est la conséquence inévitable d'une jeunesse bébête et vertueuse : tu seras redevable à la vertu dragonne de ta mère de tes vices futurs.

Mais prends-y garde ! La petite femme que tu t'es choisie — car tu eus une liberté qui me fut refusée — ne semble nullement disposée à se laisser faire ni à te laisser faire. Et tu auras là une occasion rare de prouver que tu es habile homme et homme de ressources.

CARNET XVI

DE LA POLITIQUE ET DES POLITICIENS

Les cris des politiciens importuneront parfois ta sérénité royale.

Laisse crier les politiciens. Ton intervention ne pourrait qu'exaspérer davantage leur grande fureur et la grande fureur des politiciens se calme d'elle-même dès qu'ils s'approchent du pouvoir qui est leur seule convoitise. Les forts, parmi eux, finissent toujours par la conquête de ce qu'ils désirent et deviennent alors des soutiens éprouvés de l'ordre dont tu as la garde.

Les faibles disparaissent, noyés dans la foule, et leurs vitupérations sont sans écho.

Tout ce bruit se fait, en somme, autour du pouvoir et les réformateurs, devenus maîtres, comprennent aussitôt que leurs idées, leurs gestes et leurs attitudes sont les seules choses qu'il soit urgent de réformer.

Le pouvoir est une puissante idole et la seule qui fasse les hommes à son image.

Aussi, tu envisageras sans inquiétude les hasards de la politique. Le seul danger c'est quand des partis nouveaux, devenus puissants, demeurent trop longtemps à l'écart du gouvernement.

Ces hommes, qui ont faim d'opprimer à leur tour, deviennent turbulents et n'hésitent pas à demander aux violences de leurs partisans la puissance qu'ils désirent.

En ces circonstances il faut qu'un roi fasse preuve de clairvoyance et il serait dangereux de marquer trop de sympathie à ceux qui gouvernent encore ou trop d'hostilité à ceux qui veulent gouverner à leur tour.

L'Empereur, quand il déclare la guerre aux démocrates de son pays et protège de son bouclier les gouvernants en exercice, joue un jeu bien imprudent, d'autant plus que le bouclier de l'Empereur est une simple métaphore et qu'une métaphore est une couverture bien insuffisante.

Les démocrates d'ailleurs sont les moins dangereux des hommes. Ils sont plus que tous autres affamés de pouvoir et il ne faut pas narguer ces faims-là.

Il est plus sage et plus aisé de leur jeter quelque morceau qui amuse leur faim gloutonne et leur donne à croire que ce qu'ils désirent est arrivé déjà ou sur le point de se produire.

Mais surtout, ne t'avise pas de devenir le chef et l'homme des partis nouveaux !

Lis Plutarque quand tu n'as rien de mieux à faire, et songe aux Gracques et à Agis, roi de Lacédémone !

Notre pays fut toujours fécond en politiciens. Mais ceux-ci aussi comme le reste du peuple ne marchent qu'en bande. Il leur est d'autant plus facile de faire abstraction de leur personnalité qu'ils manquent en général de tout caractère personnel.

Notre peuple a la haine instinctive de tout ce qui domine, de tous les fronts qui s'élèvent un peu haut, fût-ce même dans l'absurde, et il préférera toujours M. Anseele à M. Picard.

Cela est heureux et il faut se réjouir de ce que les fronts bas soient en majorité dans ce pays : c'est signe de sagesse et de loyauté et il n'y a pas d'exemple de révolte ou de séditions fomentées par les fronts bas associés.

Les choses vont autrement lorsque les fronts hauts s'en mêlent.

Car il y a toujours quelque chose de trop dans les fronts élevés, et ce quelque chose ne fût-il que vent, billevesées et folie que le danger n'en serait pas moindre.

On pourrait même dire que dans ce cas précisément le mal est plus grand. Les fronts bas sont plus accessibles aux idées vagues et qui ne touchent pas terre et s'ils s'unissent volontiers pour persécuter et crucifier ceux dont les fronts élevés recèlent le génie, ils suivent par contre avec ivresse vers leurs chimères et leurs folies ceux dont le crâne n'est rempli que de vent.

Ainsi garde-toi des esprits chimériques et ne ris pas de leurs songes creux.

Notre peuple, par bonheur, n'a pas l'habitude de lever ses regards bien haut et rapidement il perd de vue l'esprit qui vole.

Les politiciens luttent à qui réussira plus complètement à berner les foules. Ils font assaut de démagogie et le pain qu'ils promettent et les jeux qu'ils offrent sont les mêmes dans tous les partis.

Toute la différence, c'est que les uns veulent le pain bénit et des jeux sanctifiés tandis que les autres ne se soucient pas de plaire à un dieu autre que la foule.

Les politiciens au pouvoir ne sont plus à craindre et il n'y a dans l'histoire aucun exemple d'une révolution ou d'un changement sérieux opérés délibérément et librement par une majorité.

C'est dans Plutarque qu'on lit que César qui connaissait les foules et les politiciens, craignait peu les sénateurs gras et influents qui combattaient, en des discours éloquents et harmonieux, sa prépondérance déclinante, mais qu'il avouait n'appréhender rien de bon des maigres et fiévreux ameuteurs de populace qu'il voyait de loin lançant des regards de haine vers son lit, excitant de phrases brèves comme des chiquenaudes et aiguës comme des stylets les colères informulées et électrisant de mots grinçants les veules envies de la tourbe.

Il y a lieu, probablement, de distinguer entre politiciens et hommes politiques. Tout au moins les politiciens arrivés aiment-ils qu'on les différencie de leurs collègues moins chançards en les appelant hommes politiques.

En général, on devient homme politique dès qu'on est pourvu d'un mandat quelconque. Les députés, les conseillers municipaux, sont des hommes politiques. Ils aiment qu'on réserve la qualification peu prisée de politiciens à ceux qui n'ont pas achevé de se faire remarquer par les foules, qui sont dépourvus de tout mandat et n'ont pu réussir encore à vivre de la politique.

Il ne faut pas rendre le métier ingrat. Il est bon, au contraire, que chacun arrive à son tour. Les hommes politiques forment la meilleure digue contre les brusqueries de l'assaut des politiciens faméliques.

Il est à remarquer que les pays qui abondent en politiciens manquent d'hommes d'État.

L'homme d'État constitue l'échelon supérieur dans la hiérarchie de ceux qui font métier de régenter les peuples.

Notre pays eut beaucoup d'hommes politiques et les statues d'aucuns d'entre eux envahissent déjà les places publiques des villes.

Aucun homme d'État, par contre, n'illustra mon règne.

Il n'y a d'ailleurs en cela rien qui soit digne de regret.

Les hommes d'État sont par définition les conseillers des rois. Un roi avisé doit entendre leurs conseils, mais n'en tenir aucun compte et agir à sa guise. Et cette comédie-là n'est pas la plus facile à jouer parmi toutes les comédies d'une vie de roi.

Ne t'inquiète guère des hommes politiques de l'opposition. Laisse gouverner ceux qui sont en majorité et ne te mêle pas de leurs querelles ni de leurs brigues.

Si tu veux être un bon roi, il est essentiel que tu saches te rendre inutile, car ton détachement des affaires te mettra au-dessus des hasards de la politique.

La Constitution veut que tu règnes et ne gouvernes pas, et en cela la Constitution est pleine de sagesse, d'autant plus que régner ne veut rien dire et qu'ainsi ta couronne est au demeurant la plus haute décoration du pays.

Borne-toi à être le grand collecteur et le grand dispensateur des décorations et des honneurs. Et comme ce métier est peu absorbant, il te laissera tout loisir de vivre à ta guise et de vaquer en paix à tes amusements et à tes affaires.

CARNET XVII

COMMENT IL CONVIENT DE SE COMPORTER PARMI LES PRINCES ET LES ROIS

Les cours européennes constituent des lieux peu plaisants et dont la fréquentation est pleine d'ennui.

Tous les princes s'efforcent d'échapper aux corvées représentatives et la force des choses fait d'eux les plus adroits parmi les tireurs de plan.

Je n'ai que fort peu habité mes palais royaux et je préfère à leur morne et cérémonieux ennui le brouhaha joyeux et la vie changeante des grands caravansérails du monde.

Les gens de mon pays sont peu imaginatifs et leur fréquentation est dépourvue d'imprévu et de charme.

Combien je leur préfère l'alerte et grouillante foule cosmopolite des grands hôtels et de ces villes où l'on brûle sa vie à rétablir sa santé !

J'aime à partager toutes choses en deux catégories : je mets d'un côté ce qui est l'intérêt, les affaires, et de l'autre côté tout le reste, qui est spectacle.

Le spectacle délasse des affaires et rend supportable l'âpre lutte des intérêts. Et ce spectacle, c'est le monde entier, bariolé, ardent et fou. Il faut savoir regarder, il suffit de savoir regarder et de s'intéresser pour qu'aussitôt la vie paraisse très supportable et, en mettant les choses l'une dans l'autre, très digne d'être vécue.

J'ai su regarder. Le monde s'est mépris, je le sais, à mes airs de dédaigneuse indifférence ; mais il n'est pas utile que le monde sache les jouissances que ces spectacles divers donnent à ceux qui savent les contempler avec un suffisant détachement.

Toute vraie jouissance est égoïste ; un plaisir est détruit qui a des spectateurs ; une volupté s'affadit qui est partagée.

C'est pourquoi il est utile d'affecter la distraction et l'indifférence et de mettre ainsi à l'abri des malveillances indiscrètes les joies et les fêtes qu'on offre à ses sens.

Mais je m'écarte de mon sujet, qui est de te mettre en garde contre l'ennui des cours et j'erre et je vagabonde comme le seigneur de Montaigne, qui cependant était un esprit droit et très précis.

N'a-t-il pas dit, dans l'un de ces Essais où il est question de mille et une choses, que « c'est au demeurant une très utile science que la science de l'entregent ? »

Entends le mot entregent dans le sens

de Montaigne, ou, si tu le préfères, entends-le dans le sens moderne. Dans l'une acception comme dans l'autre, l'entregent est une chose plus utile encore dans le commerce des cours et dans les relations entre souverains que dans les occurrences plus communes de la vie.

J'ai réduit au minimum mes rapports avec les cours européennes et même n'ai-je accordé aux relations de famille que l'importance qu'il m'était agréable de leur accorder.

Il règne dans les cours européennes un esprit rétrograde et enfantin qui m'a surpris toujours par son excessive imbécillité.

C'est comme si on y avait peur de la vie, de ses exigences sans cesse renouvelées et de ses infinies transformations.

On a la sensation de vivre sans cesse sur l'extrême bord d'un inévitable abîme, dans une atmosphère singulière de perpétuelles appréhensions et c'est comme si on redoutait de voir surgir à chaque tournant de redoutables spectres.

Trop d'histoire fut vécue entre ces murailles, trop de souvenirs hantent ces salles de froid apparat. Il y a du sang ancien sur le marbre usé des marches ; il y a des râles étouffés et des plaintes qui courent le long des corridors sans fin, et l'âcre relent des souffrances souffertes depuis des siècles vous prend à la gorge et rend le séjour des palais angoissant et morose.

Il ne faut pas penser dans les palais d'Europe. Il faut, pour y vivre, se faire une âme de soudard brutal et stupide, une âme de prince allemand.

Et moi qui ne supporte ni la gêne ni la retenue, qui veux vivre une libre et claire vie exempte de cauchemars, loin des souvenirs d'effroi et de la noire lourdeur de l'histoire et du passé, j'ai fui toutes les cours et ne pus jamais prendre l'habitude de leur atmosphère d'asphyxie.

Je ne veux vivre avec cette impression que les rois modernes se débattent au milieu de contingences infiniment hostiles et plutôt que de végéter dans l'éternelle terreur de voir se ternir l'éclat de la couronne, j'eusse préféré me débarrasser des bibelots gênants du pouvoir et jouir en libre bourgeois d'une vie bourgeoise et libre.

Les cours allemandes sont plus spécialement des antres d'ennui et de gêne et la constante suspicion, les jalousies mesquines et les sottes rivalités qui y tiennent tant de place en rendent la fréquentation intolérable.

Et par malheur, il y a tant de sang allemand dans toutes les familles princières d'Europe que les mœurs et les allures des cours allemandes ont envahi toutes les cours.

Les princes parlent chevaux et putains comme des goujats de cirque et d'écurie. Les princesses vivent dans une bigoterie étroite et veule. Elles ne savent rien et ne voient rien, et leur conversation a moins de charme et d'imprévu encore que leurs toilettes et leurs traits.

Je sais des princes qui rossent leurs femmes quand ils sont ivres, et j'en sais qui sont ivres plusieurs fois par jour.

Ils ont des âmes incultes et les plaisirs de rustres sont les seuls qui leur soient abordables. Ils luttent et chassent, ils font des armes, et leurs chevaux sont leurs compagnons les plus chers et leurs meilleurs confidents.

La gêne financière, qui est générale dans les cours allemandes, a beaucoup contribué à faire naître ces mœurs d'ennui.

Les souverains s'accommodent mal d'être uniquement les premiers et les mieux rétribués des fonctionnaires de leur pays et les femmes surtout ne comprennent guère la situation et leur manque de souplesse est une source de graves dangers.

C'est une folie spéciale aux princesses allemandes de vouloir rivaliser de magnificence avec les grands financiers de leur pays et d'éclipser, par l'éclat des fêtes de la cour, les fêtes de tous ces rois de la Bourse qui s'enrichissent tous les jours et qui, sachant pour leur or de plus judicieux emplois, n'en font pas forger de vaines couronnes.

S'il est vrai — et rien ne le prouve — que la fin des rois est proche, encore ne puis-je comprendre qu'on envisage l'événement avec des appréhensions tellement vives que la vie s'en trouve gâtée.

Nous nous en irons quand il faudra partir. Mais en attendant, vivons, et vivons selon les exigences de la vie de notre temps.

Puisque l'argent et la richesse sont les maîtres uniques du monde et élèvent jusqu'à des hauteurs royales les banquiers juifs et les négociants américains, acquérons l'argent et la richesse. Nous ajouterons ainsi, à notre idéale grandeur royale, toute la puissance réelle et l'invincible force des seuls dieux de notre temps.

J'ai compris qu'il y a, pour un prince habile, bien des profits à fréquenter les gens d'affaires et que c'est tout au moins une belle économie de temps que de fuir le monde vaniteux et paradeur des cours.

Dans l'intimité, quand la parade est finie, les rois deviennent de bien petites gens et leurs loisirs sont remplis par des distractions qui feraient sourire M. de Rothschild.

Les rapports entre membres des familles

royales sont en général débarrassés aujourd'hui des cérémonieuses fadaises, encore de mode il n'y a pas bien longtemps.

On se tutoie, on est intime et familier, on est bourgeois, on joue aux cartes ou aux dominos et les princesses font de la broderie et des confitures lorsqu'elles en ont assez de parler chiffons et de chiner jalousement les toilettes des bourgeoises ou des cocottes dont les splendeurs leur ont paru par trop insolentes.

Il n'y a plus guère que les cours de Meiningen et de Strelitz qui conservent l'usage des conversations à la troisième personnes et peut-être y regrette-t-on la mode des perruques à manteau.

Je sais par contre quelques couples princiers qui font lit commun ou tout au moins ont chambre commune et ce ne sont pas ceux-là qui s'ennuient le plus.

J'ai su fuir, avec toute l'habileté possible,

l'ennui des corvées de ma charge et je me suis toujours arrangé de manière à éluder les invitations des princes mes cousins.

D'ailleurs, les rares fois que j'ai visité une cour étrangère, je m'y suis trouvé fort dépaysé et il m'a semblé que je n'ai en de tels milieux que peu de sympathies.

Je ne suis pas un homme de cour et les cours n'ont pas manqué de me marquer une sensible hostilité.

Un roi d'affaires, cela choque, chez les souverains contemporains, quelques préjugés survivants.

Un roi ayant réussi dans les affaires, cela éveille les rancunes jalouses de tant de souverains besogneux et inhabiles à rétablir l'équilibre de leurs budgets.

Ainsi ne te soucie aucunement de ce monde ennuyeux et vide des cours, de ses cancans, de ses envies, des mille potins qui l'occupent.

Ce qu'on y dira de toi, ce qu'on y pensera de ta vie et de tes actions n'a aucune importance et ton peuple ne le saura jamais.

Ton beau-père, qui est un brave homme et s'amuse à faire voir clair aux gens, pense certainement là-dessus comme moi, quoique peut-être pour d'autres raisons.

Et si tu additionnes aux raisons de ton beau-père les miennes, tu verras que, à mille points de vue divers, il y a avantage à réduire au minimum et même à supprimer complètement les relations avec les cours étrangères.

On s'y ennuie, il n'y a rien à y apprendre et, lorsqu'on est marié déjà, il n'y a plus rien à y prendre.

CARNET XVIII

DE DIEUX, DU DIABLE ET DE MILLE ET UNE BABIOLES

Ces dieux sont de faux dieux et le diable est une baudruche. Je ne t'en parle que pour t'en démontrer l'inanité.

Tous les idéals sont ennemis de l'homme et, plus encore, ennemis des rois.

Il est de l'essence des idéals de n'être qu'en paroles. Soufflez sur les mots et les idéals s'envolent et Platon est un songe-creux.

Les idéals servent à tromper les hommes, à leur inspirer l'enthousiasme ou la terreur : fantômes nés du cerveau humain, ils s'acharnent de leurs griffes homicides sur leur père. Ils engendrent la folie des épouvantes ou le néant des mortelles ivresses.

Les idéals sont d'éternels régicides. Que jamais ils n'éclosent sous ton crâne épais !

Les rois songe-creux qui réforment les mondes et amendent les mœurs ne surent jamais plaire aux foules qui volontiers leur réservent le traitement coutumier des apôtres et des prophètes.

Les idéals sont faits pour abrutir les plèbes et les maintenir sous le pied des puissants.

Les mille rois de l'oligarchie de finance sont les chefs et les maîtres des idéals. Ils les ont faits à leur image et les agitent et en usent selon leurs intérêts.

Malheur au roi imprudent qui toucherait à ces fantômes et essayerait de reformer leurs lignes falotes et de préciser leurs contours savamment imprécis!

Le peuple, qui tient aux fantômes qu'il connaît et aime les idéals selon lesquels on a formé son âme, ne sait aucun gré au roi qui apporte un changement à la chère routine de ses coutumes. Il hait d'instinct les réformateurs et tu verras dans Plutarque comment il sait défendre ceux qui lui veulent du bien. Les frères Gracchus et Agis, rois de Sparte, éprouvèrent à leur détriment la triste fragilité de la reconnaissance du peuple.

Quant aux puissants, qui sont les invincibles soutiens du roi qui marche selon leurs intérêts, ils ont tôt fait d'abattre les rois démagogues, éclaireurs des foules et ils savent les paroles par quoi on ameute les esclaves contre les briseurs de chaînes.

Mais notre peuple à nous est une exception parmi les peuples, d'aucuns même disent : une monstruosité. Il n'estime guère les fantômes. Il ne fut jamais idéaliste. Il mange et boit et baise et travaille et tout le reste ne l'intéresse guère.

Il hait le mysticisme et les chimères et il eut tôt fait de réduire sa religion à une naïve et pratique idolâtrie.

De cette idolâtrie-là, tu ne prendras rien que ses pratiques.

Tu n'es pas sans savoir qu'il existe plusieurs religions et qu'elles sont toutes bonnes et qu'elles peuvent toutes être très utiles pour qui sait s'en servir.

Il y a mille manières de se servir de la religion ; mais avant tout convient-il d'avoir l'apparence de se soumettre aux pratiques ; il est inutile, il serait nuisible qu'on se soucie du fond.

Le dieu de la majorité des citoyens est évidemment le bon, mais les autres dieux ont leur importance aussi, qui est en raison du nombre de leurs croyants.

Sois en coquetterie avec le pape, car soit dit entre nous, le vrai dieu, c'est lui. Charge la reine de correspondre fréquemment avec cette vieille dame dévote qui lie et délie le respect des sujets pour leurs rois. Je crains que tu ne puisses, si tu t'adonnais toi-même à ce commerce, y apporter une conviction suffisante ni une onction congrue. C'est plutôt affaire de femmes.

Les gens croyants sont les plus sages des citoyens et les plus soumis des sujets, pour peu qu'on ait l'habileté de ménager leurs susceptibilités spéciales. Ils défendront toujours le trône qu'ils ne s'imaginent pas séparé de l'autel.

Ils n'exigeront de toi que fort peu de choses, convaincus qu'ils sont que leur dieu a des arrangements spéciaux avec les rois, et, au surplus, leur entendement est bref et leur imagination sans malice.

C'est un privilège des rois, que personne ne leur dénie, de pouvoir changer de dieu et de culte selon les utilités de la politique.

L'empereur Julien est le seul exemple d'un prince qu'on ait qualifié d'apostat — et c'est parce que l'empereur Julien fut sincère et eut la faiblesse d'en mourir.

Notre famille montra toujours une extrême aisance au troc des dieux et cela lui concilia l'estime de mainte nation. Aussi bien, tous les peuples sont flattés, et toutes les sectes, lorsqu'un prince déclare que leurs dieux sont les seuls bons et que le dieu de son culte premier n'était qu'une contrefaçon.

Sois en bons termes avec les francs-maçons de notre pays. Ces gens bizarres, aux manies enfantines, ont une grande importance par leur cohésion et par leur habitude des utiles complots.

Ils personnifient le meilleur de la caste bourgeoise, aux cervelles étroites, aux prétentions hautes. Ils sont actifs et dégagés de scrupules dans la conquête des avantages de la vie. Leur association est en somme le plus homogène et le plus important des grands clubs du monde et quoique le peuple se méfie d'eux et qu'il sourie de la naïve hypocrisie de leur fraternité, ils ont suffisamment d'esprit d'intrigue pour te créer, si tu leur déplais, de sérieux ennuis.

Les catholiques affirment que les francs-maçons pratiquent le culte du diable et comme les catholiques craignent plus encore le diable qu'ils n'aiment Dieu, ils ne trouveront, à part eux-mêmes, pas trop mauvais que tu sois bien en même temps avec Dieu et avec le diable.

Parmi les chimères et les mille babioles qui exigent les formalités du respect, il y a encore le patriotisme.

Comme tous les idéals, celui-ci n'est qu'en paroles pour les sages et seuls les sots y voient des réalités.

Les rois incarnent le patriotisme, sans doute parce que seuls parmi les citoyens ils viennent de partout et n'ont pas de patrie.

Encourage cette forme de la bêtise humaine, qui procède de la conviction qu'a tout homme de sa supériorité évidente sur tous les autres hommes.

Le patriotisme sert à justifier les guerres fructueuses et légitime les dépenses militaires ; car le peuple croit en général que l'armée qu'il se paie doit servir à le défendre contre d'improbables ennemis, alors qu'en réalité l'armée n'est que ta gardienne contre les colères possibles et les rébellions du peuple.

Ainsi, joue le respect des refrains sonores du patriotisme, puisqu'il est en même temps ton rempart contre le peuple et le gardien jaloux des frontières du royaume, autant dire de l'intégrité de tes revenus.

Il y a aussi le devoir, qui est la morale des faibles et des lâches, et l'honnêteté, qui est la morale des imbéciles.

Ne sois ni un lâche, ni un faible, ni un imbécile et ne pratique jamais les morales méprisables.

La justice est le plus vénérable des rêves humains ; c'est le rêve éternel et qui ne sera éternellement qu'un rêve.

Que tes paroles lui vouent une vénération congrue, afin que le peuple te croie le plus fidèle dévot de sa plus belle idole.

Mais ce culte ne comporte que des mots, et comme tous les autres cultes il devient onéreux pour quiconque, au lieu d'en vivre, voudrait y conformer sa vie.

Il y a la liberté. Le peuple l'aime en chansons et se saoule de son nom. C'est en l'acclamant qu'il tend les mains aux chaînes.

De toutes les idoles, la liberté est la plus chère au peuple, parce qu'elle est de toutes la plus imprécise dans ses formes, la plus falote et la plus aisée à conformer à tous les désirs.

Les esclaves l'acclament et les maîtres ne manient la férule qu'en son nom.

La liberté est sainte. Garde-toi d'affirmer le contraire ! Lorsque quelqu'un, parmi les forts, veut prendre les rênes et diriger selon son intérêt les destinées de l'État, c'est au nom de la liberté qu'il enflamme les courages du troupeau. Le peuple s'élance à la conquête décevante et sert avec enthousiasme le nouveau maître. Mais si le mot cessait d'être uniquement un mot, ce serait une atroce misère dans le monde.

Il est arrivé que des fous prissent au sérieux le culte et l'idole. Le peuple les suivit d'abord, mais bientôt il reculait d'horreur devant l'effrayante splendeur de l'idole et puis, affolé, il renversait l'autel et massacrait le prophète et se reforgeait des chaînes nouvelles.

Cependant jamais il ne cessa d'aimer la liberté et de la chanter comme sa plus belle idole et sa plus chère victime.

La bonté aussi est une falote idole qu'on vénère sans la prendre au sérieux. Elle mène à la misère et elle mène à la ruine ses apôtres convaincus.

La charité est sa sœur plus veule qu'elle encore et plus cruelle à ses fervents sincères.

Les rois ne doivent jamais se faire apôtres et il ne faut pas qu'ils encouragent les apôtres. Car ceux-ci perturbent les foules, soit qu'ils les ameutent contre l'évidence offensante de leurs vertus, soit qu'ils les enthousiasment par leur exemple.

La charité et la bonté, apparentes ou réelles, furent toujours les mères débiles des sectes et des révolutions.

Encore ne faut-il pas que tu leur montres une franche aversion. Il faut au contraire, pour les rendre inopportunes et ruiner ainsi le métier d'apôtre, que tu les honores d'un culte ostentatoire.

Le courage te sera davantage nécessaire pour supporter les ennuis et les désagréments de ta situation et l'obséquiosité plate des courtisans et des citoyens du pays.

Encore ne convient-il pas que tu prennes des allures de matamore ou de farouche va-t-en-guerre. Tes sujets n'aimeraient pas ce courage-là et redouteraient qu'il ne les entraîne à des aventures qui répugnent à leur native pusillanimité.

Aie ce courage modeste qui n'est que du sang-froid et laisse le peuple célébrer en paix dans ses chansons la bravoure guerrière qu'il admire d'autant plus qu'elle lui semble étrange et peu compréhensible.

Il est mille autres babioles encore et mille autres idéals et mille autres baudruches dont il ne faut pas que tu te soucies. Mais il est bon cependant et utile que tu prennes les apparences de leur donner l'importance que le vulgaire y attache.

Le peuple ne comprend guère le scepticisme et il partage le monde en deux parts, mettant le bon d'un côté et le mauvais de l'autre. Mais chacun appelle bon ce qui lui est utile ou agréable et mauvais tout ce qui lui déplaît ou lui nuit.

C'est ainsi que les notions du bon et du mauvais, du bien et du mal ont une imprécision étrange et une singulière élasticité.

Tu accorderas toutes ces divergences en faisant comme le peuple et en considérant sans cesse toutes choses au point de vue de ton intérêt.

En somme, les choses en elles-mêmes importent peu et seuls leur nom et leurs aspects ont une importance réelle.

Ainsi chaque homme se fait un Dieu à son image et il y a autant de dieux qu'il y a d'hommes. La sagesse des religions et leur puissance réside en ce qu'elles ont appelé Dieu tous ces dieux et qu'elles ont donné à ce Dieu une définition qui lui constitue un aspect extérieur, suffisamment mou et flou pour que son imprécision puisse, dans l'éloignement, prendre toutes les formes du rêve ou du cauchemar de chacun, suffisamment reluisant et clair pour que chacun puisse, comme en un miroir de cristal, mirer dans cette beauté les faces changeantes de sa propre âme.

Ne heurte jamais les mots ni les aspects extérieurs des idées. Le peuple tient à ces choses qui facilitent sa compréhension du monde et suffisent au travail de l'imagination calme des pauvres en esprit.

La cervelle du peuple est comme un grossier jeu d'échec où évoluent lourdement les pions mal rabotés de ses idéals frustes.

Sache manœuvrer les pions selon ton intérêt et mets à ce jeu plus d'adresse que de scrupules.

Les dieux sont multiples et innombrables et Dieu est un. Il s'appelle l'Intérêt et il convient que tu sois son meilleur prophète.

Et il y a peut-être un diable aussi dans lequel se fusionnent tous les autres diables. Nous pourrions le dénommer l'Opposition.

Mais to . roi avisé sait qu'il y a avec le diable de faciles accommodements.

CARNET XIX

QUI EST CELUI DE LA TÊTE ROYALE

Tu ne peux changer de tête. C'est entendu. Aussi faut-il soigner celle que l'avare nature t'a donnée et en tirer tout le parti possible.

Il faut avant tout te composer une tête royale. Et c'est là le problème complexe et difficile.

Qu'est-ce exactement qu'une tête royale ?

C'est la tête qu'ont à peu près tous les rois actuels — et cependant en est-il deux parmi eux qui se ressemblent ?

Il faut mettre à part les rois de Suède

et de Grèce. Ils n'ont pas des têtes de rois, mais plutôt d'hommes intelligents.

Don Carlos de Portugal a une tête royale et l'empereur de Russie en a une autre. Je pense que voilà les deux extrêmes et que toutes les autres têtes royales peuvent se placer entre ces deux.

Mais tout cela est bien arbitraire. Il resterait en outre à caser la tête de Guillaume Ier, qui n'entre nullement dans les catégories établies et qui a été le point de départ d'une mode.

C'est malheureux, mais notre race n'a vraiment rien de royal. Nous avons en somme de bonnes têtes bourgeoises, des têtes constitutionnelles. C'est un bien et c'est un mal.

C'est un bien parce que cela nous rapproche de la foule, qui croit mieux nous comprendre ainsi et sympathise plus facilement avec nous. Et puisque nous vivons en des temps démagogiques, il faut bien se mettre au diapason. Il faut se vulgariser puisque la vulgarité gouverne, il faut avoir l'air d'inoffensifs bourgeois puisque nous sommes rois constitutionnels.

C'est un mal aussi ; cela nous rend plus malaisé de marquer les distances. Des malhabiles s'imaginent pouvoir se permettre des familiarités avec des rois qui ressemblent à tout le monde et nous voilà parfois dans la nécessité de nous faire des ennemis.

J'admire le jeune roi d'Espagne. En voilà un qui l'a, la tête royale ! C'est le triomphe de l'élevage et de la sélection. C'est par excellence une tête de race, de race affinée à l'extrême, une tête de fin d'une belle race.

Cette figure allongée au teint mat et pâle, aux yeux sardoniques et ardents, au front étroit et haut bombé, et cette bouche surtout, cette bouche d'ironie, d'amertume et de passion, cette bouche avide d'un Charles-Quint exsangue et décadent...

Mais la beauté d'une tête de roi ne va pas sans danger et je ne vois guère que les rois à têtes d'hommes supérieurs aient été heureux.

Il y en eut bien peu d'ailleurs en notre temps et j'aurai vite fait de te les énumérer. Il faut citer don Pedro du Brésil, qui fut un homme de génie vague et imprécis et une merveilleuse fin de race ; l'empereur Frédéric qui était un philosophe et qui en avait l'aspect ; et puis surtout ce malheureux Louis de Bavière avec sa tête trop grosse d'artiste impuissant, avec sa tête si belle cependant et si triste — et vraiment, aucun de ceux-là n'eut de chance. Aussi, je tremble pour le roi d'Espagne.

Nous vivons en un temps curieux où tout

se transforme. Les anciennes royautés s'éclipsent et il en surgit de nouvelles.

La classe qui domine notre monde est une classe de parvenus et elle veut des rois parvenus. De faméliques familles de hobereaux allemands naissent les souverains de demain.

Il est indispensable que les rois possèdent l'aspect et les allures de la masse, qu'ils se fassent à l'image de la classe qui les a faits.

Et ce n'est certes pas par le génie que cette classe-là a pris le dessus ; c'est par toute une série de petites vertus et de petits vices, c'est à force de ténacité, d'opiniâtreté, d'intrigues, qu'elle a réussi à s'élever sur la débâcle de la noblesse et de la première aristocratie bourgeoise.

C'est la race des financiers, des trafiquants et des tripoteurs heureux qui tient maintenant les rênes du monde et qui veut des rois à son image.

Ces gens-là n'aiment pas qu'on exagère rien ; il faut garder, pour leur plaire, une honnêteté moyenne et n'avoir ni la tête d'un grand roublard, ni celle d'un parfait crétin.

Avant tout il importe d'avoir une tête sans caractère. Demande à Carton de Wiart ce qu'il faut entendre par là.

Les têtes caractéristiques ou trop marquantes déplaisent à ceux qui sont les premiers parmi le peuple et les humilient.

Tu arriveras d'ailleurs sans grand'peine à la perfection dans le genre et il est superflu que j'insiste davantage et que je te donne des conseils.

Laisse aller la nature ; aide-la un peu, légèrement. Demande parfois l'avis de Vinçotte ; il a fait tant de têtes merveilleusement nulles et dignes que son avis ne peut qu'être précieux.

M. Wauters aussi — le peintre, pas le marchand de parapluies qui devint un grand géographe — pour des raisons identiques, te sera de bon conseil.

CARNET XX

OU L'ON TRAITE DE LA BARBE ROYALE

Traitons maintenant la question de la barbe.

Elle est très importante la question de la barbe : le prestige et l'autorité en dépendent.

Il y a les moustaches militaires, conquérantes et quelque peu don-juanesques de l'Empereur; il y a la barbe grave et philosophique de son père; il y a la barbe à la papa de son grand-père. Puis, il y a encore la barbe «good old fellow» d'Édouard VII ; il y a les côtelettes d'huissier de M. Woeste et les côtelettes de notaire de M. Bérenger, les moustaches en crin de M. Delcassé et la barbe royale de M. Valère Mabille.

Rase-moi tous ces gens et qu'en reste-t-il?

Il faut envisager avant tout que des centaines de tes sujets — et les meilleurs, les patriotes dévoués à la dynastie, les fonctionnaires zélés et les bons snobs inoffensifs — tailleront leur barbe à l'instar de la tienne.

Il est désagréable d'avoir tant de sosies, de rencontrer sa barbe sur le boulevard et de la voir orner des figures quelconques ou antipathiques.

Je n'aime rien de ce qui vient de la foule et j'eusse considéré comme un attentat contre ma dignité la vulgarisation parmi le peuple de ma barbe royale.

Mais j'ai su décourager les imitateurs. N'arbore pas qui veut le vénérable fleuve blanc qui me coûte tant de soins!

Vois la malignité des foules : il n'est,

parmi mes sujets, qu'une vingtaine de personnes qui aient réussi à mener aussi loin que moi-même à peu près la culture de leur système pileux ; et, de presque tous, le peuple déclare qu'ils sont mes frères et les bâtards de mon père.

Ces messieurs en tirent peut-être quelque vanité et je ne puis les voir passer toujours sans marquer une impatience agacée.

Je ne sais si l'Empereur est fier de voir tous les rangs de ses sujets encombrés de moustaches encore plus grotesquement rigides que les siennes, ni si le roi Édouard est très flatté de voir des barbes semblables à la sienne qui peu à peu envahissent les mentons ras auxquels nous avaient habitués ses insulaires.

François-Joseph paraît comme jadis Guillaume Ier se complaire du loyalisme naïf dont les gardes-champêtres et les gendarmes de son pays arborent l'emblème poilu.

Pour moi, je ne verrais qu'avec dépit cette vulgarisation de l'aspect extérieur de la personne royale et j'ai idée que malgré tout, lorsqu'on surprend en des postures ridicules oucondamnables l'un de ces sosies de roi, le peuple pense au roi tout naturellement et un peu du ridicule ou du mépris tombe sur sa personne.

J'ai tâtonné, j'ai cherché longtemps avant de conquérir la barbe vénérable et à peu près inimitable que je puis arborer maintenant.

Elle m'a coûté bien des peines et des supplices et il a fallu que l'âge vînt à mon secours pour que ma réussite fût complète.

Ah ! mon neveu, c'est que je n'étais vraiment pas né avec une figure intéressante, et d'ailleurs les figures des Cobourg n'ont jamais eu rien de bien remarquable, hormis le nez de Ferdinand de Bulgarie.

J'avais vraiment l'air bénin d'un bon petit serin, d'un commis de bureau à cent francs par mois.

Mais j'ai travaillé ma figure, j'ai pris toutes les peines. Longtemps mes efforts furent stériles.

Quand je regarde les vieilles monnaies ou les bustes anciens de M. Vinçotte, je ne suis vraiment pas fier.

J'avais fini par arborer des côtelettes de notaire encore jeune et ayant déjà réussi.

Leur teinte était ce châtain foncé, si banal, et les poils étaient rèches et indociles.

Les coiffeurs l'ont eu dur et ils n'auraient jamais réussi si je ne m'en étais mêlé moi-même.

Qu'il est difficile, avec des têtes comme les nôtres, de se donner un aspect de conducteur de peuples !

Mon front fuyant dans un sens, je ne pouvais permettre à ma barbe de fuir dans un autre : l'angle se serait fait trop aigu et j'en eusse perdu tout prestige.

Il a fallu que, vers la cinquantaine, les poils se décolorent pour qu'enfin je comprisse le parti qu'il y avait à tirer des maigres avantages que m'avait départis la nature.

J'ai laissé grandir ma barbe, j'ai essayé d'en activer la croissance, et ma barbe s'en est allée en fleuve, elle est devenue vénérable.

De savantes teintures l'ont rapidement amenée, de jaune sale qu'elle était devenue, à cette blancheur immaculée que le peuple admire maintenant.

Ce n'est que depuis une quinzaine d'années que ma barbe est devenue définitive et vénérable ; ce n'est que depuis quinze ans que j'ai perdu cet aspect de major de la garde civique que j'avais et cet air d'être un massepain trop cuit, que me donnaient les produits de M. Vinçotte et ceux de l'Hôtel des Monnaies.

Et remarque bien, mon cher neveu, que ce n'est que depuis quinze ans exactement aussi que mes affaires ont pris une tournure et ont marché.

J'ai acquis le prestige, l'autorité et la fortune avec la barbe. J'ai acquis de l'assurance aussi et de l'audace, et c'est ce sentiment d'être réellement supérieur à tous, qui a fait naître en moi les dédains souverains et le mépris de tous vains scrupules.

Tout me vint de la barbe et je ne suis vraiment roi que depuis que je porte ce signe poilu de supériorité.

Pour toi, mon neveu, la question de la barbe sera très ardue. Les poils follets qui s'éparpillent sur tes joues et sous ton nez n'ont encore rien de majestueux. Ils te donnent l'air d'un jeune négociant aisé et c'est l'origine peut-être de cette timidité que je t'ai toujours connue et que j'ai comprise d'autant mieux que j'en fus moi-même longtemps affligé. Prends garde à cette timidité dangereuse et mauvaise qui fait que, lorsqu'on veut montrer quelque énergie, on tombe aussitôt dans une gauche et maladroite brutalité.

Ce n'est pas du jour au lendemain qu'on obtient, dans la culture de la barbe, des résultats satisfaisants et il a fallu bien des années pour que je puisse déployer ce majestueux éventail qui remplit si cocassement l'avers des demi-francs de M. Vinçotte.

Aussi faut-il que dès maintenant cette question soit l'objet de toutes tes sollicitudes.

Au fond, jamais un Cobourg n'eut un aspect royal. La petite goutte de sang d'Orléans — mais qui sait d'où sortait, avec son parapluie, le grand-père Louis-

Philippe ! — pas plus que l'épanouissement villageois du sang des Hohenzollern que le peuple admire en ta mère, n'a pu amender cet aspect de hobereaux besogneux qui caractérise notre race.

Médite sans cesse le grave problème de la barbe, tandis que tu n'es encore que sur les marches du trône, attendant ton tour.

Et écoute bien ceci : le métier de roi n'a plus pour moi d'attraits. J'en suis un peu blasé. Il m'ennuie d'avoir sans cesse à compter avec un peuple de courtisans et de jouer sur un théâtre déplaisant parmi de turpides cabots mon rôle de solennelle hypocrisie.

Il me déplaît qu'à tout instant ma tête heurte des ciels de papier et que de mes bras je bouscule les dérisoires décors du tréteau. J'aime mes aises et la liberté, et les rois, enfermés dans la mauvaise prison de milliers de regards, sont les moins libres des hommes.

J'ai, autant qu'il est possible, bousculé les conventions et cependant elles m'obsèdent sans cesse de leur indiscrète hypocrisie.

Et j'ai hâte, vraiment, de te céder ce trône dont j'ai fait un fauteuil américain derrière un bureau ministre.

Mais voilà, tu n'as pas encore la barbe et cela pourrait te créer des ennuis.

Ainsi avant tout, il faut que tu étudies ton visage, car l'éducation du visage, autant dire la culture de la barbe, est l'indispensable complément de toute discipline royale.

Ton actuelle façade de bon garçon quelconque est le fond revêche qu'il te faut agrémenter avec adresse et orner avec goût.

Permets que je te le dise : tu ressembles

maintenant, à s'y méprendre, à un valet de pied de l'Élysée-Palace de Paris et j'ai toujours eu, à cause de cela, une sympathie et une prédilection particulières pour cet homme.

Mais ce n'est pas avec cela que tu arriveras, que tu t'imposeras, que tu feras oublier mon beau fleuve blanc.

Peut-être l'impériale ne te déparerait-elle pas — c'est une simple opinion et il faut veiller à n'exciter en rien les susceptibilités du cousin d'Allemagne. On pourrait d'ailleurs en faire une question diplomatique et faire demander par les chancelleries si le rappel des moustaches et de la barbiche de Napoléon III ne peut déchaîner une guerre continentale ou faire supposer en ta cervelle une ambition imprévue.

Les côtelettes de maître d'hôtel de bonne maison de l'oncle d'Autriche ne sont supportables chez un roi qu'à condition d'être blanches et tu ne peux prétendre avant plusieurs années à cette perfection.

Mon gendre Rodolphe avait d'emblée trouvé la barbe sympathique et, avec son aspect de jeune magnat hongrois, il était vraiment bien.

Il convient d'ajouter que ce n'était pas un garçon tout à fait banal. Il était même intelligent et eût été très capable de faire un jour des vers, comme sa mère.

Tout cela d'ailleurs ne lui a pas porté bonheur et il est heureux que tu ne lui ressembles en rien.

La figure rasée et glabre de ton grand-père est d'un port difficile. Si le brillant des yeux, la courbe du nez, la ligne des lèvres et la proéminence d'un menton énergique ne lui donnent un caractère viril, on en arrive aisément à ressembler à un clergyman ou à une vieille femme et il est plus facile d'avoir la figure de M. Chamberlain que celle de Napoléon Ier.

Si tu avais l'allure plus militaire et plus dégagée, je te conseillerais les moustaches « comme en Allemagne ». Cela ferait plaisir à l'Empereur. Il considérerait la chose comme un nouveau triomphe du germanisme et cela ne ferait de mal à personne. Mais je crains beaucoup qu'ainsi tu ne prennes les allures d'un sous-officier retour du Congo et devenu chef de comptabilité.

D'ailleurs, après tout, l'obligation de coucher chaque nuit avec un bandeau sous le nez a peut-être aussi ses inconvénients puisque l'Empereur lui-même s'est efforcé de trouver mieux ou autre chose, comme le prouve une photographie que j'ai vue dans un journal illustré.

Guillaume, malgré ses apparences romantiques, est un malin. Il s'en tient aux avis de son coiffeur qui est un homme de génie et dont l'influence est grande dans la politique européenne.

La barbe pleine détruisait la seule caractéristique de la physionomie impériale et le coiffeur, sans hésiter, avec la décision du génie, ramena tout aux moustaches « ça y est ».

Tu vois, mon pauvre neveu, que le problème est complexe à l'excès. Je ne veux d'ailleurs te donner que des indications sans prendre la responsabilité d'un conseil formel.

Tu décideras toi-même. Fais des essais pendant qu'il t'est permis encore de ne pas prendre d'attitude officielle et définitive.

Peut-être ton penchant naturel te poussera-t-il vers la bonne barbe bourgeoise du cousin Édouard. C'est un ornement commode et très dans les idées de la royauté moderne.

Mais, dès maintenant, laisse aller tes

moustaches. De belles moustaches ne se font pas en un jour et puis, c'est un minimum de barbe qu'il te faudra toujours.

En outre, de fortes et mâles moustaches sont parfois agréables et souvent utiles — en dehors du ménage.

J'espère que ta femme ne comprendra rien à ceci. C'est une boutade entre nous, d'ailleurs, et dont tu pourrais, si tu ne l'entendais pas, demander le sens à Mme X...

CARNET XXI

QUI CONCERNE LE TAILLEUR DU ROI

Les misères du temps sont telles qu'il n'existe même plus de vêtement royal et que les plus puissants monarques du monde en sont réduits à s'adresser aux moins mauvais des tailleurs du commun, pour se faire confectionner des vêtements comme tout le monde en porte et qui sont taillés à même le coupon qui fournira une redingote au notaire ou la culotte de dimanche du chef de cuisine.

C'est une misère, mais qui a ses avantages aussi.

Les soies, les brocarts, les fourrures,

les orfrois de jadis étaient bien lourds à porter et bien clinquants et peu commodes et vous donnaient l'aspect d'un acteur en scène.

Louis XIV et les souverains ses contemporains et imitateurs, m'ont toujours paru fort ridicules et je ne parviens pas à me figurer ces majestés à l'urinoir ou avec des femmes.

Il est vrai que tout cela, et même la perruque, pouvait s'enlever ; mais alors, c'était fini de la majesté royale.

Il faut faire quelque chose cependant pour complaire au peuple qui a gardé le goût de la ferblanterie et des dorures et qui veut voir ces signes tangibles de la puissance, pour se rendre ainsi compte que réellement la puissance existe.

Le peuple a gardé le culte admiratif de l'armée à cause de la musique, à cause des galons rouges et des dorures. L'uniforme militaire est le plus persistant vestige du carnaval des siècles défunts.

En ta qualité de chef de l'armée, il faudra que tu endosses des livrées militaires. Soumets-toi à cette mascarade le plus souvent possible. Cela te rendra populaire et, en somme, ce costume-là n'est pas plus gênant qu'un autre. Il a le don d' « habiller » également tout le monde et n'exclut même pas le linge propre.

En outre, il « avantage » facilement quiconque sait en user avec adresse. Je sus toujours cacher sous les plis d'un flottant adroit les misères de mon académie. Peut-être n'auras-tu nul besoin de recourir à ce stratagème.

Le port du corset, comme en Allemagne, en impose au populaire et les culottes blanches et bien collantes attirent les regards des femmes et leurs sympathies. N'hésite pas, si tu te sais la cuisse suffisamment bien faite ; car le suffrage des femmes est très utile aux rois.

Tu pourras difficilement garder de ton régiment actuel le colback farouche et ridicule. Cette coiffure a quelque chose d'héroïque, mais dans le genre opérette. Elle effraye les enfants et favorise migraines et névralgies.

Tu feras bien d'adopter, comme moi, le képi de petite tenue. Cela te fera ressembler à un chef de gare, mais on ne confondra pas, puisque tu pourras munir tes bottines d'éperons d'or.

La question de la tenue civile est plus complexe. Là, il faudra que tu mettes davantage du tien et tu y donneras la mesure de ton bon goût.

Les couleurs importent peu, puisqu'en somme le choix reste limité entre le gris clair et le noir mat.

Mais soigne suffisamment la coupe, sans

viser cependant à faire la pige au roi d'Angleterre. Tu n'as pas d'ailleurs les allures désinvoltes et dégagées qui conviennent à un arbitre des élégances.

Restes-en toujours à la redingote, c'est le vêtement des gens sérieux. Les fantaisies ne conviennent guère aux rois. Vois comme Édouard VII, depuis qu'il s'est affalé sur son trône, a renoncé à toute élégance.

Prends un bon air de bourgeois cossu et ressemble autant que possible à tout le monde.

N'abuse pas des fleurs à la boutonnière ; notre peuple voit d'un mauvais œil tout gaspillage et il ne faut pas qu'il te suppose une âme portée aux futilités ou atteinte de sentimentalisme poétique.

Évite en tout l'allure théâtrale et n'imite pas l'Empereur. Il est trop drôle, l'Empereur, en Charlemagne et tous ses sujets se sont payé sa tête très humblement. Le peuple sait qu'il doit payer les frais de ces représentations et c'est pourquoi, comme dit Morcelle, il n'y coupe pas.

D'ailleurs, le casque d'argent de l'Empereur et le pigeon qui y perche, manquent de tout modernisme. L'ironie populaire neutralise amplement le peu de prestige qu'ils peuvent conférer, par des appellations comme celle de Herr Siegfried Muller.

Et tout le monde se doute, en outre, que le pigeon du casque de l'Empereur n'est pas descendu du ciel.

CARNET XXII

DES AUDIENCES

Les audiences que tu devras accorder onstituent une des plus ennuyeuses corvées de la fonction royale.

Tu seras obligé de subir des contacts bizarres et tu ne pourras éviter parfois de recevoir des crétins absolus ou de parfaits malhonnêtes gens, pour peu qu'ils se présentent munis de suffisantes recommandations.

Tout ce monde que tu recevras n'aura rien à te dire de précis. On te parlera vaguement de choses vagues et générales et tu pourras répondre presque invariablement par l'assurance de ta bienveillante attention.

Tu abrégeras autant que possible les audiences et dès que tu auras distribué à chacun les gouttes d'eau bénite dont il a soif, tu signifieras congé d'un geste aimable et impérieux.

Il est admis que les gens qui viennent t'entretenir de leurs petites affaires, attendent que tu leur parles et se contentent de répondre à tes questions.

C'est toi qui mèneras la conversation et il te faut, pour cela, toute ta présence d'esprit.

Tu éviteras avec soin tous les points délicats et même toutes les choses d'une certaine importance. Tu poseras des questions banales qui appellent des réponses prévues. Et comme, de cette façon, on ne te dira jamais que ce que tu sais déjà et ce que tu veux bien entendre, tu pourras avoir toujours ce sourire discrètement approbateur qui fait aimer les rois et les rend populaires ; et ce sera, à bon compte, passer pour un homme aimable et bien accueillant.

Mais il t'arrivera parfois d'avoir affaire à des gens mal appris ou peu stylés et ayant l'éloquence trop facile.

Si, contrairement aux règles du protocole, tu te trouves interpellé et questionné par des indiscrets, tu peux difficilement t'en montrer froissé ou faire semblant de n'avoir pas entendu. Cela te ferait passer pour un personnage prétentieux et dédaigneux à l'égard des loyaux sujets qui paient.

Tu devras, en de telles circonstances, montrer un suffisant savoir-faire et user d'une habileté raffinée.

Tu répondras autour et à côté des questions qui te gênent et tu t'efforceras toujours de satisfaire tout le monde sans t'engager ni sans rien promettre ou affirmer qui puisse avoir une importance quelconque.

Cependant, parmi les personnages importants du royaume, il en est qu'il faut écouter et qui ont en somme le droit d'émettre des avis. Laisse parler ceux-là à leur guise et efforce-toi, par tes amabilités, de mettre leur éloquence à l'aise. Les hommes politiques sont habitués aux ruses du discours ; ils n'en diront jamais trop, ni même assez.

M. Bara, que je reçus souvent, parlait beaucoup. Je l'écoutais avec plaisir. Il était intelligent et fin et montrait avec une candeur sacerdotale l'envers d'une âme peu propre. On pouvait s'instruire à écouter cet homme.

M. Beernaert parle gravement mais se

renferme volontiers dans le prudent répertoire de M. Prudhomme.

Feu de Laveleye savait écouter. Il approuvait avec finesse et développait gracieusement ce qu'il devinait être ma pensée.

Le colonel Thijs, que tu devras subir un jour, est infiniment plus dangereux. Il parle et parle, cet homme, et il s'écoute parler. Il élève la voix et rit aux éclats et n'a aucun respect de la Majesté royale parce que les circonstances lui ont permis d'en voir de trop près les misères.

En outre il est gaffeur en diable et n'a jamais songé qu'il pouvait être ridicule.

Il faut l'écouter et le laisser aller : il finit toujours par s'arrêter. C'est le moment alors de lui parler de la pluie et du beau temps ou de son chemin de fer.

Car, si tu as l'esprit suffisamment ouvert, tu auras compris dès le début ce que le colonel désire de toi et tu auras eu, pendant qu'il discourait, tout le loisir de réfléchir à ce qu'il te sera possible d'en tirer.

En somme, cet homme est plus hableur que roublard et c'est toujours sans peine que j'ai su en faire l'instrument docile de mes desseins.

M. Empain t'importunera rarement et il attendra même volontiers que tu le fasses venir.

Il aura alors l'air très charmé et très surpris de l'honneur que tu lui fais et il s'efforcera de te persuader en deux mots que l'audience depuis longtemps escomptée est pour lui tout à fait inattendue.

M. Empain ne fait pas de phrases et il est dépourvu de toute grandiloquence. C'est un chef de bureau laborieux et calculateur et qui sait le prix exact des services qu'il peut te rendre.

Dis-lui brièvement ce que tu as à lui dire et écoute sa réponse. Il sera toujours précis et net et s'efforcera de paraître sans arrière-pensée.

Mais ne te fie guère à ce qu'il te dit. Ne t'engage jamais à fond. Avec cet homme on est toujours roulé et ton prestige ne pourra rien contre l'apparente logique de ses déductions.

En règle générale, tiens-toi sur tes gardes. Parle peu et ne dis rien. C'est le commencement et la fin de toute sagesse pour un roi.

Ton attitude devra toujours écarter toute idée de familiarité et nettement marquer les distances.

Ce n'est que devant la naïveté des simples qu'il sera utile parfois de prendre un air paterne et condescendant.

A un vieil instituteur qu'on vient de décorer ou à un coureur cycliste victorieux, tu pourras pardonner une émotion trop expansive. Cela te rendra populaire et ne tire pas autrement à conséquence.

En résumé, tu accorderas beaucoup d'audiences et les feras brèves et anodines.

Aie l'abord facile. Mais pour la plupart de tes sujets ce sera un honneur suffisant de t'avoir vu à trois pas et de t'avoir entendu t'informer de leur santé.

Et tous ceux qui auront eu une seule fois cet honneur en garderont toute leur vie le souvenir ému et ils seront les meilleurs soutiens de ta cause et de ta popularité.

CARNET XXIII

LE TRAITÉ DU DISCOURS

Il n'est pas indispensable qu'un roi soit disert, mais encore faut-il qu'il sache assez proprement improviser quelques lieux communs et les enchaîner sans trop de défaillances littéraires.

Parle peu et rarement. Les gens taciturnes paraissent toujours graves et sages.

Apprends et sache débiter les vingt-cinq phrases qui forment l'encyclopédie de l'éloquence royale.

Exerce-toi surtout aux liaisons. Car, s'il est certain que tu devras sans cesse répéter les mêmes paroles et les mêmes phrases, encore faudra-t-il que tu saches en intervertir parfois l'ordre sans que trop de lacunes paraissent dans ta documentation.

Termine toujours tes brefs discours par une phrase à panache modéré.

Garde-toi surtout de toute prétention à l'éloquence et remercie le ciel de n'avoir mis en toi plus de littérature que n'en peuvent supporter tes sujets.

Des idées banales et terre à terre et peu de phrases : voilà tout ce qu'on aime chez un roi et tout ce qu'on tolère.

Si, pour ton malheur, tu étais né grandiloquent, comme l'Empereur, je serais fort en peine de ton avenir et peu rassuré sur sa solidité. On ne prend pas au sérieux, chez nous, les gens qui parlent bien et on se méfie d'eux tout autant que de ceux qui savent écrire.

Garde-toi de tout romantisme en tes discours et en ceci encore tu trouveras dans l'Empereur un détestable modèle.

Il est heureux d'ailleurs que tu sois remarquablement dépourvu d'imagination, car l'imagination est la perte des rois constitutionnels, comme elle serait la perte d'un quelconque négociant.

D'ailleurs, Machiavel n'a-t-il pas dit qu'on peut être un grand prince encore qu'on n'ait pas l'imagination fertile ?

Veille à ne faire que des phrases brèves et sans complication.

Notre peuple est peu rompu aux finesses de la syntaxe et dès qu'on sort un plus-que-parfait du subjonctif, il rit, ne comprend plus et croit qu'on veut plaisanter.

N'emploie pas, pour féliciter un président de comice agricole, le même langage que pour congratuler un régiment de cavalerie.

Tiens à chacun le langage qu'il aime. Il ne faut pas être psychologue pour cela et il suffit que tu te mettes en tête que l'humanité se partage en quelques catégories distinctes, et que ta mémoire retienne les quatre ou cinq phrases éternelles qui parlent à l'âme de chacune de ces catégories.

J'ai eu la prudence de rendre rares chez nous les occasions de discours publics et le peuple n'est plus habitué aux explosions d'éloquence royale. Le trac que j'eus toujours quand j'avais à parler en public, t'aura rendu du moins un service important.

Mais il t'arrivera plus fréquemment de devoir t'adresser à tel ou tel individu en particulier. Et alors, la situation ne laisse pas d'être délicate.

Il faut que tu parles et que cependant tu ne dises rien. Il faut que tu n'aies pas l'air d'un sot et cependant tu ne peux exprimer aucune idée originale ni spontanée.

Tire-toi de là !

Heureusement, il y a la tangente, et tu la pratiqueras comme moi-même je l'ai pratiquée.

Contente-toi de féliciter et d'approuver toujours. Pose des questions qui ne comportent qu'une seule réponse ou qui nécessitent l'envoi à ton adresse d'un compliment.

Approuve et félicite toujours, puisqu'aussi bien le protocole ne permettra de t'approcher qu'à des gens dignes d'approbation et de félicitation.

Sois impersonnel comme ta fonction et, comme tu es irresponsable par définition, évite tout ce qui pourrait ressembler à un engagement et, partant, entraîner ma responsabilité.

Salue, congratule, congédie et passe. Tout le monde sera enchanté. On dira que tu es un grand roi et on fera même semblant de le croire.

Tout l'art de régner est là-dedans.

CARNET XXIV

DES ATTITUDES

En nos jours de misères constitutionnelles, la question des attitudes a pris une importance multiple et considérable.

Au bon vieux temps des royautés, il y avait l'attitude royale. Elle était une et unique ; elle était uniformément majestueuse.

Elle était le produit d'une longue éducation. C'était un art dans lequel, à force de persévérance, chacun pouvait arriver à la maîtrise et, une fois la maîtrise acquise, tout était bien.

L'attitude royale suffisait à tout. Elle remplaçait toutes les sciences et toutes les disciplines et suppléait même aux défectuosités de la syntaxe.

Ces temps sont loins, hélas ! Il n'y a plus d'attitude royale. Le roi doit se plier aux misères multiples du métier démocratisé. Il doit improviser sans cesse ses attitudes et les composer selon les exigences du moment. Il doit les étudier à l'infini et savoir les varier avec une aisance parfaite selon l'heure et le lieu, selon la qualité aussi et l'esprit de toute cette canaille diverse dont il faut quotidiennement subir le contact.

La pire de toutes les attitudes que le roi puisse prendre en notre pays, ce serait précisément cette attitude royale des grands siècles défunts. Cela jetterait sur notre médiocrité constitutionnelle un ridicule infini et nous passerions aisément pour des émules peu heureux de feu M. Prudhomme.

L'humilité du roi est la base de la Constitution. Il ne nous est même pas permis d'être fiers comme peut l'être un candidat notaire ou notre palefrenier.

Nous devons être pleins de condescendance et de roublardise, et il ne convient pas que nous ayons l'air de nous croire plus au-dessus du peuple qu'un général est au-dessus d'un colonel.

L'Empereur lui-même a compris cela et il n'est pas au monde un homme plus poli ni plus aimable.

Mais l'Empereur a un amour malencontreux de la mise en scène et cela provient de ce que, dans les petites familles princières d'Allemagne, par le fait des femmes et de leur manque d'horizon, le préjugé de l'attitude noble et royale de jadis est resté encore quelque peu en honneur.

Ainsi naissent des colères et des froissements qui peuvent coûter cher aux jours de mécontentement populaire.

L'habileté de l'Empereur consiste à remplacer l'attitude royale par une tenue martiale et militaire, qui, par ses apparences spartiates, impose la crainte et le respect.

Ne sois pas militaire avec exagération. Nos sujets sont moins gobeurs que ceux de l'Empereur et s'ils veulent bien alimenter un certain budget de la guerre, tout en sachant parfaitement l'inutilité de cette dépense, cependant ils n'aiment pas qu'on ait l'air d'abuser de leur tolérance.

Garde-toi de mécontenter les gens d'armes en montrant pour le civil une prédilection qui te ferait passer pour un ennemi de l'armée.

N'oublie jamais que tu auras peut-être un jour besoin du militaire pour te défendre contre le civil. Pour que tu puisses te reposer sur elle en toute sécurité, il faut que l'armée te considère comme le premier de ses membres plutôt que comme une sorte de chef civil.

La fonction royale est devenue un peu partout une fonction militaire depuis que les armées ne sont plus le troupeau de mercenaires qu'on achetait, qu'on payait et qu'on méprisait jadis.

L'armée est le principal appui du roi qu'elle défendra toujours, parce qu'en somme l'armée et le roi jouissent, dans des proportions diverses, de privilèges identiques.

Mais ne mécontente jamais le civil puisque c'est le civil qui paie. Il aime l'armée comme spectacle mais ne veut pas qu'elle se prenne trop au sérieux.

Sois militaire parmi les vieilles culottes ; sois bourgeois parmi le populaire.

J'ai crainte que souvent, comme moi-même, tu t'aperçoives que tu es un peu long et qu'il est gênant, en public, de trouver un emploi convenable pour deux bras qui n'en finissent plus.

J'ai toujours souffert d'une native gaucherie et je n'ai pu, malgré tous mes efforts, me corriger de ce travers. Il en est résulté une sorte de timidité que je n'ai pu surmonter complètement qu'après la cinquantaine et qui m'a beaucoup nui, en me faisant devenir parfois, par le désir de réagir, inopportunément hautain et brutal.

Ma claudication aussi a contribué à m'enlever toute majesté.

Mais tout cela, par contre, m'a peut-être rendu sympathique à la masse de ceux qui ne m'approchent pas de près et qui sont touchés de voir leur roi sonffrir des mêmes misères qui les affligent.

J'ai paru d'autant plus humain que j'ai été moins majestueux.

Peut-être eussé-je fait, en perruque poudrée et en manteau d'apparat, assez piètre figure.

En fin de compte, vois-tu, toutes les choses ont leur bon côté. Notre royauté plébéienne, en nous rapprochant de la foule par les caractères extérieurs, nous rend davantage sympathiques et nous cale peut-être plus solidement sur notre trône.

En somme, l'attitude royale de jadis n'était appréciée que par le monde restreint des courtisans et ces gens-là, s'ils ont l'habitude de ne jamais ménager au roi une admiration professionnelle, ont d'autre part le grand inconvénient de coûter fort cher à la couronne.

Le roi devait entretenir tout ce monde et le peuple, qui payait, n'en savait aucun gré au roi.

Sois autant que possible simple et affable; surmonte cette mauvaise timidité qui est coutumière en notre famille et qui vient de ce qu'on n'y a que peu encore l'habitude des trônes.

Sois bon cavalier, et montre-toi souvent à cheval. Cela plaît à la foule qui pardonne parfois beaucoup au roi à cause de son cheval.

Sache saluer avec grâce et salue à tout propos. Préviens même la politesse de tes sujets. Ton salut décidera le leur et tu paraîtras aussitôt très populaire.

Il faut en tout faire la part du feu et compter avec les misères du temps.

Sois ce que tu veux ; mais aie l'air toujours accueillant et aimable et suffisamment souriant pour qu'on ne te suppose aucune vaine frayeur ni aucune humeur mélancolique.

Ta gravité devra être aisée et ne jamais ressembler à de la pose.

On n'acclame pas les rois qui ont la mine

triste ou sévère et, au sens populaire, une jovialité modérée sied bien aux princes et indique un bon naturel.

Et pas d'élégance : notre peuple la confond avec la pose et il n'en veut ni dans l'attitude ni dans le caractère.

Sois banal. Devant le peuple, sois le premier bourgeois du pays ; devant l'armée sois un général bon enfant.

Et si l'envie te prenait de jouer majesté, fais-le chez toi, pour ta femme et les gens de service. Mais ailleurs, songe à la Constitution et sois souriant, humble et affable devant la canaille.

CARNET XXV

DU SANG-FROID QU'IL FAUT CONSERVER DANS TOUS LES HASARDS DU MÉTIER

Il faut, à tout prix, que tu acquières le sang-froid, un sang-froid qui ne se démente jamais et qui fasse qu'en toutes circonstances tu restes maître de tes paroles, de tes gestes, de tes attitudes.

Tu es un timide et un timoré, mais tu es bon enfant aussi et d'humeur plutôt populaire.

La timidité est toujours mauvaise conseillère. Elle est mère des paroles et des gestes inconsidérés et des gaffes irréparables.

L'éducation coutumière des princes est pleine d'erreurs ; on les élève trop à l'écart du peuple qu'ils auront à affronter un jour et il en résulte que la frousse les prend facilement dès qu'ils se trouvent en contact avec la foule dont ils ignorent l'essence et qu'ils peuvent supposer toujours indiscrète ou hostile.

Fais tout pour surmonter la faiblesse de ton caractère et réussis-y mieux que je n'y ai réussi moi-même.

Quelque mépris que nous ayons pour le populaire, il ne nous est pas permis, dans notre condition, de nous abstenir de tout contact avec lui. Bien au contraire faut-il rechercher plutôt les occasions de popularité.

Lorsqu'un roi se trouve parmi les gens du commun, il est le point de mire de toutes les attentions ; une quelconque maladresse peut être l'origine de la plus malencontreuse impopularité.

De cela, j'ai fait moi-même à maintes reprises l'expérience et, malgré la roublardise que je croisavoir acquise à défaut d'un suffisant sang-froid, j'ai conscience de quelques maladresses qui, chez un peuple moins plat que le nôtre, eussent vraiment ébranlé le trône.

C'est une chose grande et indispensable, pour un souverain constitutionnel, que de savoir, en toutes occasions, conserver son sang-froid et c'est une disposition d'esprit que tu devrais cultiver chez ton cheval en même temps que chez toi-même — car les princes constitutionnels aussi sont obligés parfois de monter à cheval.

Il se peut que la foule, qui a toute l'insolence de son anonymat, en certaines circonstances nous acclame; il se peut aussi qu'à d'autres moments elle nous siffle.

J'ai subi ces deux genres d'attentats et, dans les deux circonstances, je n'ai pas été fier.

Quand on m'acclamait, je perdais la tête —non pas que la chose me fût agréable, mais parceque, point de mire de tous les regards, j'avais une peur atroce de mon cheval et du ridicule.

J'ai essayé de me corriger. A force de braver volontairement tous les ridicules et de contempler à mes pieds l'aplatissement des foules, j'ai fini par avoir la conscience de ma supériorité et cela m'a fait rester à la fin, au milieu des acclamations, maître de moi-même et de ma monture.

Mais les choses n'ont pas aussi bien marché un jour que, sous prétexte de désapprouver je ne sais lequel de mes ministres, des milliers de mes sujets me firent, nonobstant la poigne martiale des gendarmes, une conduite peu aimable.

J'avais à me rendre au palais du Parlement pour m'y livrer à l'une des corvées les plus sottes de notre fonction : la lecture d'un discours du trône.

La foule en voulait aux ministres ; c'est pourquoi elle me conspua et cela n'avait rien d'agréable.

Au pas prudent de mon cheval mal rassuré j'arrivai devant l'entrée du palais.

Les gendarmes qui m'entouraient ne purent empêcher que je reçusse des paquets de circulaires subversives à la tête. Je tâchai de descendre de cheval et ce n'était vraiment pas facile.

Je crois bien que j'étais un peu pâle. La foule me hurlait d'abdiquer, ce que je n'avais nulle intention de faire à ce moment ; et cependant j'aurais bien voulu être ailleurs.

Mes officiers m'aidèrent à me dépêtrer des étriers et alors la foule put, un instant, apercevoir ma jambe gauche tendue horizontalement et agitée d'un tremblement tant extraordinaire qu'elle semblait battre la mesure au concert des vociférations populaires.

Ceux qui m'entouraient à ce moment purent m'entendre bredouiller et bafouiller et vraiment mon prestige était en grand danger.

Je lus d'une voix chevrotante et saccadée le discours du trône dans lequel cependant on s'était appliqué à ne mettre que des choses banales. La pâleur livide ne quitta pas mes joues — car je pensais au concert populaire qui allait recommencer à ma sortie.

J'ai manqué, en ces circonstances, de sang-froid et je me suis senti ridicule. Aussi ne me suis-je jamais plus depuis prêté à la corvée des discours du trône.

Tu avoueras cependant, connaissant la

veulerie de nos gens, que je n'avais couru aucun risque sérieux.

Ce n'était pas à moi qu'on en avait ; on n'en voulait qu'aux ministres qui eurent soin de ne pas se montrer.

La foule m'eût acclamé si j'avais su lui dire un mot, si j'avais fait un geste d'homme.

Mais vraiment, j'avais perdu la tête et je me trouvai ridicule.

Plus récemment, j'ai couru un danger infiniment plus grave. Je suivais, de la gare à la tombe, le cercueil de la reine et je m'étais composé une figure affligée selon la circonstance.

Je marchais derrière la bière qui renfermait la grande misère de ma vie et je traversais l'immense foule en pensant que vraiment la morte n'emportait rien de mon cœur ni de mes sentiments. Et je comprenais que la foule ne pouvait rien comprendre à cela et que mon attitude à l'égard de la mourante et de la morte heurtait toutes les obscures notions de bien et de mal de la foule.

Je marchais dans le silence hostile et respectueux de la foule. Je sentais peser sur moi la haine de mille regards et j'avais la sensation que des milliers de poings se crispaient, prêts à se ruer et retenus seulement par un lâche respect.

Et toute cette haine refrénée et toute cette formidable colère de la foule se portaient sur moi seul.

Mais j'ai pris mon parti de la vie maintenant. Je suis armé de mépris, je ne sais plus rougir et je ne tremble plus.

J'ai marché mon chemin à travers la foule, avec indifférence et dédain. C'est que la vie m'a donné enfin, avec le mépris de la vie, un suffisant sang-froid.

Pour toi, mon neveu, cultive ton sang-froid et habitue-toi au contact des foules lâches et méprisables. Le sang-froid, qui ressemble au courage, te sera plus nécessaire encore qu'à moi-même — car il ne faut pas te dissimuler que le vent qui souffle n'est pas favorable aux rois.

Tu devras ruser très souvent, je le crains, et la frousse est mauvaise conseillère.

La frousse est la pire ennemie des rois et fait parfois qu'à la plus légère poussée ils cèdent et dégringolent tout seuls de leur trône.

C'est un accident que je ne te souhaite pas et que tu retarderas sans doute — si tu ne parviens pas à l'éviter — en cultivant, avant tout, ton sang-froid.

Et écoute bien ce conseil-ci. Il te paraîtra étrange et singulier peut-être. Mais si tu y réfléchis un peu, tu saisiras tout de suite qu'il n'est pas possible que je t'en donne un plus précieux.

Fais de l'automobile.

Morcelle fut peut-être mon meilleur professeur de sang-froid et je crois bien que cet homme fruste et peu dégrossi a fait plus pour mon éducation morale que tous les savants éducateurs qui s'acharnèrent sur ma jeunesse et plus aussi que la rude école des événements.

Je m'abandonne à travers casse-cou et dangers à sa poigne robuste et à son intelligence avisée d'animal réalisant avec un automatisme instantané les élémentaires calculs par lesquels les primitifs découvrent la route sûre à travers les hasards hostiles où constamment la mort, embusquée, les guette.

La fuite affolante de l'automobile filant droit sur l'horizon, sans s'émouvoir des obstacles multiples du chemin, remplit plus d'une fois, au début, mon âme d'effroi.

Le chariot qui s'avance au bout de la route, qu'on va atteindre dans une seconde et dont les chevaux affolés n'obéissent plus au conducteur ; le tournant, là-bas, où le moindre faux mouvement vous précipiterait à la mort ; et puis, toutes les ruses et toute l'adresse qu'il faut pour virer à travers les rues encombrées des villes, pour découvrir les passages étroits par où se faufile la bête docile et bruyante ; la frayeur des gens qui fuient et que leur manque de sang-froid et leur inaptitude à mesurer instantanément les distances ou cet égarement subit des sens qui les cloue, pétrifiés, au milieu de la chaussée, expose sans défense à la mort et dont la vie dépend, à ces moments, tout autant que la mienne, de l'intelligence rapide et simple et du calme presque inconscient de Morcelle — voilà des choses qui trempent à la longue les âmes les plus sujettes à s'apeurer. Les randonnées insensées dans lesquelles mille fois je vis la mort à deux pas et l'esquivai toujours avec simplicité, ont plus fait que mes efforts et toutes mes volontés raisonnées pour me donner cette égalité d'âme et cette calme assurance qui me font envisager maintenant, avec une sereine indifférence, toutes les aventures et tous les hasards de ma vie de roi.

L'automobile est la meilleure école de sang-froid et d'énergie. Elle rend, à tous ceux qui connaissent les mille terreurs des âmes trop affinées, la calme assurance de la brute inconsciente; elle rend aux âmes usées par la pensée, comme des couteaux devenus trop fragiles à force d'avoir été sans cesse aiguisés, la solidité rugueuse et l'élasticité du métal fraîchement trempé.

Pratique l'automobile. Elle t'apprendra plus que tout le reste de la vie ; elle nettoiera ton âme de la rouille qu'y aura fait naître le commerce des hommes ; elle te rendra la puissance simple et formidable de la brute ; elle t'habituera à réfléchir instantanément, à calculer presque mécaniquement toutes les possibilités et toutes les échappatoires.

L'automobilisme, c'est l'école de la tangente, l'école où l'on apprend le mieux à régner constitutionnellement.

Le jour où je pourrai remplacer Morcelle à la direction — et j'ai essayé, mais sans réussir encore — j'aurai la joie d'être enfin maître de mes émotions et d'avoir acquis un sang-froid sans défaillance.

Voir l'obstacle sur sa route, savoir l'éviter et, en même temps, posséder dans une main qui calcule et pense le guidon et tous les leviers de sa machine, filer droit devant soi à toute allure, sans frayeur et sans trouble, c'est toute la sagesse, c'est toute la vie, c'est tout l'art d'être roi.

CARNET XXVI

DE L'ART DE VOYAGER

Il est bon qu'on se donne de l'air, mon neveu. Les voyages instruisent la jeunesse. Quand on a fait un voyage on a des choses à raconter, pensait aussi ce bon M. Urian que M. André Gide a transposé dans la littérature française avec trop de subtilité et pas suffisamment de bon sens.

Car il faut, en voyage, plus encore que dans les autres circonstances de la vie, un gros et solide bon sens.

Il ne faut pas voyager dans l'intention de découvrir des sujets d'extase et d'admiration. Ces sujets-là sont rares et même n'existent guère quoique les snobs fassent semblant d'en savoir par douzaines.

Tu n'iras perdre, évidemment, ton précieux temps dans les musées. Au fond y a-t-il tant de différence entre les œuvres de Phidias et celles de M. Jef Lambeau, entre Michel-Ange et M. Vanderstappen ? Le roi de Suède prétend que oui ; mais je ne prise que peu les idées du roi de Suède.

Ensor affirme que c'est très difficile de bien peindre et cependant on me dit qu'il peint bien.

Après tout, je n'y vois pas de mal et j'aime mieux ne pas comprendre : ainsi je ne risque pas de perdre dans ces musées, qui sont des conservatoires de choses mortes, les loisirs que la vie me donne pour que je vive.

Peut-être lèveras-tu le nez en l'air devant la majesté des cathédrales ; peut-être grelotteras-tu de froid à l'ombre humide des mornes murs des vieux palais. On te dira que tout cela est beau. Crois-le. Accorde à ces choses l'attention qu'il faut leur accorder si l'on ne veut passer pour un imbécile aux yeux des vétérinaires esthètes et loyalistes.

Mais ce n'est pas pour cela qu'on voyage.

Il ne faut pas te laisser émouvoir par les papotages des snobs et leurs extases factices devant les beautés que leur vanité croit découvrir.

Il ne faut pas davantage imiter ces gens qui parcourent les mondes pour vérifier les indications du Baedeker.

On les voit dans toutes les Bruges d'ennui et dans les mornes Florence.

Ils s'arrêtent par bandes devant les monuments et les édifices ; ils consacrent cinq minutes à lire leur Baedeker et se tiennent, le nez plongé dans le livre. Ensuite ils lèvent, pendant deux secondes, leurs regards troubles vers l'objet de la description et puis ils s'en vont. Ils n'éprouvent d'émotion sincère que lorsqu'ils prennent leur guide en défaut et qu'ils ont ainsi l'occasion d'envoyer à l'éditeur une carte postale illustrée et rectificative.

Ne voyage pas davantage pour admirer des paysages ou pour contempler l'immensité affolante des horizons : ces choses prédisposent aux idées vagues et il ne faut pas qu'un roi soit un songe-creux — à preuve ce pauvre Louis de Bavière.

Les villes prédisposent davantage aux idées nettes et précises : elles conviennent à ceux qui mènent avec quelque allure la lutte pour la vie. La campagne est favorable aux rêveurs et les poètes lui vouent un amour infini.

Cependant ils n'ont garde d'aller habiter parmi les paysans et j'ai bien envie de croire que leur culte de la rusticité et des choses champêtres n'est qu'une pose faite pour singulariser les poètes et un truc pour favoriser la vente des livres en éveillant les infinies sensibilités qui sommeillent dans l'âme placide des dames de la bonne bourgeoisie.

Ne va pas à Bayreuth. Je sais qu'il y a des rois qui y vont, mais il y a aussi des snobs parmi les rois.

Ce M. Wagner avait autant de talent certainement que l'empereur Guillaume, mais il faisait encore plus de bruit que lui et cela est bien insupportable.

Ne va pas en Suisse ; les montagnes y grimacent et sont comme les hideuses pustules de la terre. Les gens y sont grotesques comme les montagnes et ils boivent de la bière et chantent en allemand des chansons à la liberté. Il n y a pas d'air dans les vallées et la Suisse est une erreur de la géographie.

Ne va pas à Vienne. C'est une ville de morne luxure et de stupide ennui. Les archiducs y boivent avec les cochers et rossent les filles. On n'y parle que chevaux et cocottes ; les femmes y sont trop longues et vêtues de toilettes d'un goût spécial et que je ne puis apprécier. On y renifle des relents de crasse orientale mêlés à la fadeur de parfums de Paris décomposés. En outre, dans la mauvaise compagnie des archiducs que tu ne pourrais éviter, tu ne manquerais pas d'avoir des affaires. Et par surcroît, tu trouveras à maint exemplaire, après boire, l'archiduc tapeur.

Fuis les villes d'eaux d'Allemagne : on n'y rencontre que des juifs et des pédants fort désagréables et les filles n'y sont ni jolies ni aimables.

Je te dirai même qu'en général je ne

te conseille pas de prendre l'Allemagne comme but de tes excursions : c'est un pays lourdaud et où la bière a abruti le peuple.

Les gens y sont d'une culture grossière et très bêtement savants. Ils vouent à la brutalité un culte singulier et depuis quelques années, ils ont la conviction qu'ils forment le premier peuple et la plus forte race du monde.

L'Allemagne est un pays parvenu et tous les Allemands ont pris les allures déplaisantes et sottes des parvenus.

C'est là, en outre, qu'on rencontre les spécimens les plus caricaturaux de l'humanité et les femmes les plus blondes et les plus avachies.

Je n'aime ni les caricatures ni les femmes qui se répandent.

Les voyages lointains sont désagréables aussi et fatiguent fort inutilement.

J'ai fait, en mon jeune temps, le tour du

monde. Je n'y ai pas vu grand'chose et je n'y ai rien appris.

En fin de compte, j'en arrive à admettre que la France et l'Angleterre constituent les seules régions du monde dignes d'intérêt — et encore, je n'insisterais pas autrement en ce qui concerne l'Angleterre.

Pourquoi faut-il voyager ?

C'est la question que souvent je me suis posée et à laquelle jamais je n'ai pris le temps de répondre.

J'en suis resté toujours au parce que... des enfants.

Peut-être faut-il voyager parce que cela réjouit les nerfs, parce que le mouvement est bon en lui-même et que l'agitation qu'on sent autour de soi favorise l'harmonie des idées.

Quel endroit prédispose mieux aux pensées calmes et aux calculs profonds qu'un wagon de chemin de fer, lorsque le train file d'une allure affolée vers des horizons sans cesse changeants et toujours mêmes !

Les voyages des rois ne vont pas sans maints obstacles ennuyeux.

Il y a les indiscrètes curiosités des foules et toutes les sottises du protocole.

Des consuls, des ambassadeurs, des maires, une foule de gens peu intéressants et qu'on ne désire nullement connaître vous attendent au passage et vous complimentent en phrases hypocrites ou avec de filandreux et vains discours. Et il faut faire bonne mine à tous ces raseurs et répondre à leurs boniments par d'autres boniments.

L'incognito ne résiste pas à l'indiscrétion zélée des sots. Et puis il y a la police ; il y a ces individus à face patibulaire qui vous filent comme des escarpes sous couleur de vous protéger contre d'improbables agresseurs.

Un roi est sans fin soumis à tous ces

ennuis et rien ne lui servirait de vouloir s'y soustraire. Cela fait partie du métier.

On ne peut ni marcher, ni s'arrêter, ni aimer à sa guise. C'est la contrainte partout, quelque liberté qu'on se donne. Tout ce qu'on peut obtenir c'est que les policiers se cachent ; mais, quoi qu'ils fassent, on les sent toujours proches et cette évocation constante de dangers variés n'a rien de bien réjouissant.

Et puis il y a les reporters...

Voyage quand même, ne fût-ce que pour fuir la déprimante promiscuité de ton peuple, ne fût-ce que pour détendre tes nerfs.

J'aime le mouvement pour le mouvement et je ne trouve aucun agrément à fixer à mes vagabondages un but précis.

Si je pouvais m'en aller librement, en roulotte automobile, à travers le monde, seul avec Morcelle, qui ne parle jamais et manifestement ne pense à rien qu'à la route qui se déroule au loin avec ses libres espaces et ses obstacles !

Je ne sais rien de plus agréable qu'un compagnon taciturne et qui ne pense à rien : celui-là, du moins, ne croira pas vous rendre service en vous indiquant ce qui lui paraît intéressant et en vous arrachant ainsi à vos propres calculs et à vos pensées.

J'ai mis mon habituel entourage au pas et on respecte mon silence.

J'ai proscrit tous les bavards et tous ceux qui pensent et c'est ainsi que j'ai réussi non sans peine à me trouver seul au milieu des fâcheux.

Le voyage pour le voyage, la course pour la course, pourquoi pas ? Car sait-on jamais ce que valent les buts qu'on se propose et n'éprouve-t-on pas, à chaque réalisation, une nouvelle déception ?

Le mouvement est au monde la seule beauté et c'est la seule mesure de la vie.

CARNET XXVII

DE LA TABLE ET DE QUELQUES AUTRES PLAISIRS QUE JE N'AI SU PRISER

Loin de moi cette vanité commune qui porte le vulgaire à trouver sot et vain tout ce qu'il ne comprend pas et qui le fait déclarer indignes et grossiers les plaisirs que ses sens sont inaptes à éprouver.

Je ne te dirai donc pas que les plaisirs de la table sont d'ordre inférieur et méprisable et que ceux qui s'y complaisent ont l'âme basse et les sens peu affinés.

Tous les plaisirs, toutes les voluptés ne valent que par rapport à celui qui les éprouve, et comme, selon les dispositions et les facultés du sujet, ils peuvent émouvoir l'esprit et les sens avec une acuité égale, on doit en conclure que tous les plaisirs et toutes les voluptés sont, en eux-mêmes, égaux en noblesse ou en rusticité et ne tirent leur beauté, leur suavité et leur perfection particulières que de la qualité et de la sensibilité de l'âme et du corps de celui qui offre la jouissance.

Je n'ai jamais rien compris aux plaisirs de la table. Je trouve les meilleurs vins aigres et sans agrément et les plus fines liqueurs incommodent mes entrailles sans que leur absorption me procure une autre sensention que celle qui contracte mon visage en grimace.

Il n'y a aucun mérite à être buveur de lait et d'eau minérale et on cite de parfaites canailles qui ne s'adoucirent aucunement par l'habitude de ces boissons lénifiantes.

Aussi M. Vandervelde a-t-il grand tort de tirer vanité des répulsions de son œsophage et de son estomac : on peut être un convenable sociologue et un habile conducteur de peuples alors même qu'on aurait une sympathie avouée pour les boissons fortes.

Ceux qui se vouent à l'abstinence totale ont d'ailleurs en général la regrettable manie d'arborer des barbes de philosophes, c'est-à-dire hirsutes avec exagération, et leurs chapeaux mous refrènent mal la débandade de leurs chevelures romantiques.

Les abstentionnistes sont en général tant convaincus d'être des êtres d'exception et d'élite qu'ils veulent, comme certains artistes sans grande malice, se singulariser parmi la foule.

Ces façons ne deviennent déplaisantes que lorsque ces braves gens se font prêcheurs — ce qui arrive trop souvent — et veulent que la loi de leur estomac devienne la loi de tous les estomacs.

Méfie-toi de ces bons apôtres qui courent les rues et les places publiques en clamant : « Je suis dyspeptique, voyez ma vertu. Soyez dyspeptiques comme moi et vous deviendrez, comme moi, vertueux. »

Crois-moi, ce n'est pas à leur œsophage qu'on doit juger les gens et il convient qu'en toute rencontre tu établisses la séparation du cerveau et de l'estomac. L'amour des bons vins n'a pas déprimé le colonel Thijs et ne lui a pas davantage donné du génie. Le goût de l'eau et du vin n'a pu élargir les idées de M. Vandervelde et n'a point mué son âme calculatrice et sa figure revêche, en une âme généreuse, ouverte et loyale, en une figure franche et sympathique.

Ainsi tu boiras ce qu'il te conviendra de boire et mettras ton soin uniquement à ne pas dépasser les capacités normales de ton estomac.

Les souverains ivrognes deviennent rarement populaires et si tu trouvais utile de charmer tes loisirs par l'ivresse du vin, il est bon que le peuple ignore ton penchant. Le peuple aime à boire comme le Cham biblique et, comme lui, rit de ceux qui ont bu.

Ne méprise pas cependant les ivrognes; ils tiennent dans notre peuple une place honorable. Leur influence est grande en temps d'élection et leur éloquence infatigable trouve dans l'alcool des accents particulièrement convaincants.

Et puis, n'est-ce pas eux qui ont fait, aux trois quarts, la fortune de mon empire africain ? Car, crois-le bien, il n'y avait pas d'abstentionnistes parmi ceux qui récoltèrent mon caoutchouc à coups de chicotte et c'est à l'effort fiévreux des buveurs de liqueurs fortes que je dois la prospérité de mes affaires.

Parfois, je me suis trouvé fort humilié de ne pouvoir boire avec la vaillance qu'y mettent mes sujets et j'ai senti ainsi qu'entre eux et moi une sympathie parfaite est impossible, d'autant plus que mes sujets qui boivent bien, mangent mieux encore et que mon estomac, au rebours, ne s'accommode que de mets simples et légers.

La goinfrerie constitue, en effet, un trait fondamental du caractère de notre peuple qui, depuis des temps immémoriaux, n'eut de sympathie que pour ceux qui mangent gras et boivent sec.

Un estomac solide accompagne d'habitude une âme candide et les dyspeptiques sont gens mélancoliques et chagrins.

C'est ainsi du moins que notre peuple voit le monde et il est vraiment inutile de contredire à son jugement. Philippe II fut haï pour n'avoir témoigné d'une soif suffisante et d'un convenable appétit. D'instinct, on en conclut que ce roi malheureux devait avoir une âme perfide et fourbe, parce que, au dire des peuples, les buveurs d'eau sont de méchantes gens.

Ainsi, quels que soient tes goûts, prends soin de marquer en public, aux boissons fortes, un respect suffisant et, quand tu recevras du monde à ta table, n'exagère pas la simplicité.

Il faut que ta table ait l'aspect royal. Cela est très coûteux, en vérité, et la livrée en tire le meilleur profit.

Il faut user, parfois, de ruses et d'habiletés. Ainsi, quand mes hôtes n'étaient pas précisément de grands financiers ou des ambassadeurs d'une puissance sérieuse, il m'est arrivé parfois d'emprunter la majeure partie des prétentieuses pâtisseries auxquelles on n'ose toucher et des plats qui se bornent plutôt à orner la table, au magasin d'accessoires de l'Opéra de la capitale. Mes hôtes n'ont rien vu ou, trouvant admirable déjà d'avoir dîné à ma table, ils ont fait semblant de ne s'apercevoir de rien. Et cela me faisait une sérieuse économie.

N'éprouvant aucune joie à manger ni à boire, j'ai mis une certaine désinvolture à éviter les dîners d'apparat et les coûteux festins. J'ai fui, aussi souvent que possible, le maussade palais de ma capitale, où le mobilier reste couvert de ses housses blanches. J'ai réduit au minimum le personnel et mon train de maison est d'un riche bourgeois à peine.

Il y a d'ailleurs, aux environs de mon palais, de très convenables restaurants qui entreprennent la fourniture des repas de toute importance avec le personnel de service qu'ils comportent.

Traite comme moi avec ces bonnes maisons : tu seras bien servi et l'économie sera sensible.

Ne prends pas trop exemple à moi cependant : si j'ai trouvé fastidieuses les fêtes et les réceptions, ce n'est pas une raison pour que tu juges de même. On aime, dans la ville, qu'il y ait des fêtes à la cour et l'on estime qu'un bal fait marcher le commerce.

Plus ingambe que moi, tu paraîtras d'ailleurs moins gauche et moins gêné et peut-être trouveras-tu de l'agrément là où je ne vis que corvées et ennuis.

En général les gens qui viennent à la cour sous prétexte d'y danser éprouvent une joie d'enfant à se trouver là. Compassées, gauches, ennuyées, affolées par l'idée d'une gaffe possible, je ne sais rien de drôle et de risible comme les bonnes bourgeoises à la cour. Elles se donnent des airs si exagérément Régence qu'on croirait qu'elles ont été cuisinières à Trianon.

Mais elles y sont et leurs maris aussi — tandis que Mme Une Telle, leur voisine, et M. Un Tel, leur ami, n'y est pas. Et malgré la gêne, l'ennui, la transpiration, ce jour reste pour ces braves gens un beau jour de bonheur parfait.

Songe que tous ceux qui assistèrent une seule fois aux réceptions de la cour ou au bal du palais se persuadent qu'ils participent aux affaires publiques et qu'ils défendent leurs propres prérogatives en défendant le trône.

Et c'est ainsi qu'on se crée, au prix d'un peu d'ennui, des appuis pour les heures difficiles.

Tu ne peux songer, évidemment, à recevoir toute la tourbe des gens de négoce et ceux-ci se contentent d'admirer de loin les fêtes de la cour et d'envier ceux qui y participent, tout en approuvant, parce que cela fait marcher les affaires.

L'usage veut que tu favorises le commerce en donnant au moins deux bals par an. J'ai dû, malgré mes répugnances, me soumettre à cette exigence du commerce. Mais je ne supporte pas les veillées et je me lève tôt : aussi, me bornais-je, en ces circonstances, à faire une courte apparition, à saluer ceux qu'il convenait de saluer et à prononcer les quelques mots qu'il est indispensable de prononcer pour marquer qu'on prend plaisir à la fête et qu'on partage la joie qui est censée régner.

Souvent j'ai éprouvé, à la veille des fêtes de la cour, une opportune indisposition. Je laissais alors, très simplement, mes invités se débrouiller tout seuls. Les choses d'ailleurs, n'en marchèrent pas moins bien et le lendemain les journaux m'apprenaient que la plus franche gaité n'avait cessé de régner durant toute la fête.

Désormais, d'ailleurs, tu seras de corvée à ma place et tu recevras mes invités ; tu es en âge de le faire et il est superflu que je jouisse davantage des caricaturales révérences de toutes les mères-nobles de la ville.

Sois souriant, gai et bon vivant avec quelque hauteur, parmi la foule des imbéciles ; ta condescendance passera pour de la bonté, ton courage à braver l'ennui et la sottise fera croire que tu éprouves un plaisir à t'offrir à la foule.

Et si, avec cela, tu supportes mieux que moi le grincement énervant des musiques, tu deviendras sûrement un roi très populaire.

CARNET XXVIII

PLAISIRS DE ROI

Le morne ennui pèse sur le monde, mon cher neveu, et les rois, pour s'en défendre, ne disposent guère de plus de moyens qu'un particulier aisé.

Les plaisirs évoluent dans les limites plus ou moins étroites des facultés de nos sens et de notre âme, et leur nombre comme leur intensité, pour les rois comme pour le vulgaire, dépend de cette santé physique et morale qui échappe à l'action de toutes les puissances humaines.

J'ai connu beaucoup l'ennui dans ma vie errante et il n'y a que peu d'années que j'ai su me créer des voluptés qui contentent suffisamment mes désirs.

Ne crois pas cependant que je me sois jamais senti une âme blasée. Les âmes vulgaires et basses connaissent seules cette fatigue émotive qui naît de leur faiblesse et leur banalité trouve aisément banal tout ce qu'elle est capable de discerner et de comprendre au monde.

Les satisfactions vulgaires m'ont laissé indifférent, car je n'ai pas trouvé en moi-même assez de force brutale pour m'y complaire.

Tous les plaisirs que l'argent peut donner et qu'il donne à quiconque le possède, au même titre qu'aux rois, m'ont paru banals et le sentiment de la puissance me donna seul quelques âpres et éphémères voluptés.

Aucune prédisposition physique ne me permit de trouver aux plaisirs des sens une intensité de jouissance spéciale et j'en fus quelque peu dépité.

J'ignorai toujours les plaisirs de la table et je n'ai jamais distingué entre l'art des Vatel célèbres et une bonne cuisine d'hôtel. L'idée d'ailleurs que tout parvenu de la finance peut s'offrir les mêmes vins et les mêmes mets que le roi, suffisait à me faire trouver fades et sans saveur ces jouissances vulgaires. Je m'aperçus très tôt que j'avais peu d'estomac et, en somme, je m'en consolai aisément.

Je sais des princes qui se complaisent à des récréations grossières qui suffisent sans doute à leur âme peu royale.

Il en est, comme le vieux Luitpold de Bavière, qui se plaisent aux exercices violents de leurs membres. D'autres, comme le roi d'Angleterre, trouvent que rien n'est supérieur aux bons vins et à la bonne chère et oublient la terre dans la fumée d'un cigare de choix.

D'autres éprouvent à parader devant le front des troupes une jouissance que je ne comprendrai jamais ou trouvent, comme l'empereur d'Allemagne, dans des chasses truquées, un plaisir farouche à tuer. Il y a là, sans doute, de l'atavisme, car la chasse est l'unique occasion de tuer que nous permettent les mœurs actuelles. Elle m'a paru toujours le plus dégoûtant et le plus inexplicable des plaisirs, non pas que j'eusse l'âme sensible à la douleur des bêtes ou des hommes, mais plutôt parce que la laideur de la violence me paraît manifeste et que les exercices du corps répugnent à ma nature malhabile.

Les femmes... mais je t'ai suffisamment parlé des femmes. Les voluptés qu'elles donnent appartiennent à tout le monde, et la brute saine et forte les éprouve avec plus d'intensité que nous. Les femmes sont un passe-temps plutôt qu'un plaisir et des goujats possédèrent avant nous et posséderont après nous nos plus belles maîtresses.

L'amour... mais on n'aime pas un roi et un roi n'a pas le droit d'aimer, sous peine de déchoir. J'ai ignoré toujours le sentiment de l'amour et je n'en ai aucun regret.

Les rois n'ont pas d'amis. Il y a mille barrières entre eux et leurs égaux et l'amitié n'existe qu'entre égaux.

Ainsi, tout le monde des jouissances banales m'est resté fermé et tu n'y pénétreras pas plus que moi-même. Ne t'en plains pas.

Les plaisirs du pouvoir n'existent que dans l'imagination de ceux qui restèrent toujours à l'écart de toute puissance. Tu n'y trouveras qu'ennuis et corvées, une fois passées les brèves ivresses des débuts.

Je ne te parlerai pas de l'affection et du respect du peuple, qui ne sont que mensonges et vaines semblances.

J'ai compris vaguement que le monde spécial de l'intelligence et de la pensée, où d'aucuns semblent trouver des voluptés infinies, était à jamais fermé pour moi. Je ne sais s'il faut le regretter. Je n'ai rien fait pour conquérir ce qui me parut être en dehors de ma portée, et sans aucun doute feras-tu comme moi.

J'ai compris qu'il n'y avait au monde qu'une seule volupté réelle : le travail, qui est la vie.

Voilà qui te semblera une pensée bourgeoise ; tu seras étonné de la trouver formulée ici et par moi. Mais ne t'y trompe pas.

Si le travail est pour le peuple une attristante nécessité et revêt d'habitude un aspect morose et banal, il est, pour ceux qui peuvent et qui osent, la plus rare et la plus âpre des voluptés.

Le travail, pour un roi, est ce qu'il y a de plus royal au monde.

Il est la seule jouissance qu'on puisse faire à sa mesure, la seule qui soit totale et complète et qui se règle selon nos facultés et s'adapte exactement aux volontés et aux désirs de l'âme.

Roi, sache te créer des tâches royales, sache vouloir des travaux de roi.

Conquière ! La conquête est le travail des forts. Crée des palais, crée des villes nouvelles et de nouvelles activités pour le peuple et une vie nouvelle.

Comme tu ne peux conquérir des empires, crée des industries, pousse en avant sur les marchés du monde ton peuple engourdi. Et ne fais pas cela pour le peuple. Qu'importe le bonheur du troupeau ?

Qui sait, de ton travail naîtront peut-être des misères nouvelles. Qu'importe ! Le travail est la seule volupté réelle des peuples et des rois et c'est par la splendeur et la beauté de ton travail que tu seras le plus grand et le plus beau parmi les hommes.

CARNET XXIX

LA PEUR DU SCANDALE

La peur du scandale est, pour les rois sages, le commencement de toute sagesse, mais pour ceux dont l'intelligence est débile elle peut devenir aussi une source d'aberration et de folie.

Crains le scandale modérément. Si tu le rencontres sur ton chemin, prends la tangente. Cela n'est jamais difficile.

Le scandale peut naître de tes mœurs ou de l'état de tes finances et c'est dans ce dernier cas qu'il est le plus à redouter.

Un roi pauvre, un roi dont les affaires vont mal, un roi qui ne sait pas compter est le plus à plaindre des hommes. Songe à l'exemple de ce malheureux Milan de Serbie qui mourut honni par sa famille, par son peuple et par le monde entier.

Un roi peut avoir des dettes, quoique avoir des dettes soit le vice le plus haï et le plus méprisé par la bourgeoisie triomphante. Mais il faut que les dettes du roi soient discrètes et cachées et que ses créanciers restent en fin de compte ses obligés très soumis et ne se laissent jamais aller à se prévaloir de leur supériorité économique.

Les grands banquiers juifs sont, parmi les créanciers de rois, les moins redoutables et avec eux on trouve toujours des accommodements. Ils exigent rarement le remboursement en espèces et savent qu'il y a mieux à tirer des rois que de l'or monnayé à leur image.

Un titre de noblesse ou simplement une amitié qui ne craint pas de s'afficher suffit à payer maintes dettes du roi d'Angleterre et une photographie embellie d'un hommage condescendant plus d'une fois dégagea l'empereur Guillaume d'obligations gênantes.

Mais ne compte pas sur ces facilités et efforce-toi plutôt de ne jamais devoir d'argent à personne. Tu pourras ainsi saluer qui il te plaira de saluer et garder, comme moi, ton chapeau sur la tête devant M. de Rothschild, qui se croit quelque peu roi aussi.

Le scandale qui pourrait naître de tes mœurs est si facile à éviter et ailleurs je t'ai dit déjà tout ce qu'il y a à dire sur ce sujet.

L'éducation qu'on t'a donnée n'est ni meilleure ni pire que celle qu'on donne à tous les princes. Avec ses préjugés allemands ta mère a tenu à t'élever à l'allemande, c'est-à-dire fort mal.

Car je ne sais rien de plus détestable et de plus nuisible au monde que l'éducation pauvre et étriquée de tous ces petits princes soudards sans savoir et sans utilité.

L'Allemagne est le haras des princes, mais la vie des haras n'est pas bonne aux chevaux et tu te trouveras heureux, si tu te compares à tes innombrables cousins, de ce que malgré tout, de par la force du milieu national, une forte dose de bourgeoisisme ait pénétré ton éducation.

En Allemagne on élève tous ces petits princes, qui n'ont aucun rôle à jouer sur aucune scène et ces petites princesses qui ne réussiront jamais à s'asseoir sur aucun trône, comme si une destinée hautaine et glorieuse leur était réservée. Des duègnes grotesques et d'absurdes mères-nobles déforment les cerveaux et les instincts, et les princesses deviennent d'insipides et fades petites poupées qui traversent la vie sans voir et sans comprendre. Elles sont les belles au bois dormant dont aucun Prince Charmant ne viendra jamais secouer l'assoupissement.

On n'élève plus de Princes Charmants! On veut des princes d'écurie et de caserne, des brutes dressées et qui ne raisonnent jamais et ne voient devant eux qu'un seul et même chemin qui traverse en ligne droite leur terne et brutale existence.

Dans un tel milieu et avec l'éducation qu'on leur donne, les princesses ne cessent d'être dindes que pour devenir putains et les princes, quand ils ont quelque personnalité intellectuelle et se fatiguent d'être d'inutiles et décoratives brutes, deviennent aussitôt, selon leur monde spécial et selon tous les mondes, des monstres dont les actes les plus simples relèvent de la chronique scandaleuse.

Car voici le seul point tragique dans la destinée des princes : c'est qu'ils sont rivés à leur vaine gloire, c'est qu'ils ne peuvent pas s'en aller tout simplement, fuir leur monde d'ennui et se créer une vie plus généreuse et plus active. Les princes doivent rester princes, et vivre tout ce qu'il y a de grotesque puérilité dans leur vie. Orth et Woelfling, quoi qu'ils veuillent et quoi qu'ils fassent, resteront toujours d'authentiques Habsbourg et ne seront jamais les bons bourgeois qu'ils désirent devenir.

Tous les mondes leur seront fermés. Les princes les tiendront pour fous et ne tendront plus jamais la main à ces lamentables déchus qui voulurent fuir un paradis dont les prestiges cependant paraissent très suffisants à tous leurs congénères.

Et les bourgeois — oh ! les bourgeois surtout marqueront leur effroi et leur répulsion et leur mépris à des dieux qui aspirèrent à descendre. Les bourgeois ne comprendront jamais qu'ayant été prince on veuille devenir bourgeois.

Et ainsi les Orth et les Woelfling, comme des monstres rejetés par toutes les vagues de l'océan humain, fourniront toute leur vie durant de la prose aux gazetiers et leur nom côtoiera, dans les faits divers et les chroniques du scandale, les noms des escrocs notoires et des souteneurs illustres.

Juste châtiment d'avoir voulu, étant princes, devenir hommes!

Je ne crains pas pour toi ce scandale de la volonté de descendre. Mais prends garde à d'autres scandales et veille à ne laisser transpirer de tes écarts éventuels que ce qu'ils peuvent avoir de royal.

Que tes vices ne soient pas ordinaires, ne soient pas publics, et tout pourra s'arranger.

Mais n'aie pas non plus cette absurde peur de la plèbe et de ses opinions qui fait de tant de rois les esclaves de ceux qu'ils méprisent et qui change en véritables antres de la peur les petites cours allemandes. Là, on tremble sans cesse, on redoute tout et la frayeur du scandale dégénère elle-même en ridicule scandaleux.

Chez les rois, les vices qui scandalisent sont ceux qui n'ont rien de royal — et la débauche peut être la plus royale des distractions. Il suffit de savoir s'y prendre.

En règle générale le scandale, pour les rois, consiste à descendre vers les foules, à exhiber des vices bourgeois et communs.

Un roi n'a d'égaux que d'autres rois et ceux-là sont, d'habitude, de pénibles compagnons ; ce n'est pas chez eux que tu trouveras à te distraire.

Ainsi tu ramasseras avec discernement dans le ruisseau populaire, les instruments utiles à tes plaisirs. Les gens qu'on paie ne prêtent jamais à scandale, tant qu'on les paie et il faut bien comprendre que tu ne pourras jamais jouir de la liberté de renvoyer une femme qui ne t'amuse plus ou de congédier un serviteur qui te déplaît.

Les femmes et les gens de maison sont les deux grandes sources de scandales. Mais l'eau trouble de ces sources s'endigue facilement au moyen de quelques rouleaux de monnaie.

Je pourrais m'étendre bien autrement sur ce chapitre de la peur du scandale. Mais en te regardant bien, je comprends que cela serait superflu et que tu n'as pas une tête de rueur dans les rangs.

Tout indique que tu poursuivras paisiblement et sans dévier d'un pas la banale route qui sera tienne. Et ne lâche pas la Constitution qui sert de rampe et de garde-fou !

CARNET XXX

QU'UN ROI DOIT TUER SON CŒUR

Parfois, quand il m'arrive de parcourir les gazettes, je souris aux lamentations des journalistes sur les misères du temps.

Les journalistes sont gens à aspirations miraculeusement élevées. La vulgarité, la mesquinerie et la petitesse des choses de ce temps les font souffrir et leur fournissent le thème de lamentations infinies. A raison de deux sous la ligne, cela leur assure la soupe quotidienne.

Où vivent-ils donc et que voient-ils, les pauvres gazetiers ? Leur banalité propre et la banalité de leur milieu étroit leur bouche l'horizon et rétrécit leur vue comme une paire de lunettes trop embuées.

Et ils rêvent, les journalistes, ils rêvent entre les murs crasseux des salles de rédaction.

Ils rêvent de grands crimes et d'illustres atrocités. Ils regrettent les époques farouches et décoratives et songent aux Borgia et aux grands aventuriers de jadis, empanachés selon le cœur de Dumas père.

Ah ! ceux-là, pensent les journalistes, ils avaient de l'envergure dans le crime et de l'ardeur dans le vice et, en ces temps-là, comme on vivait !

Les pauvres gazetiers ! comme si de tout temps les petits et les médiocres n'avaient vécu leur même vie banale à côté et en dehors des grandes passions et des belles tragédies.

Il faut avoir pitié des pauvres gens qui

ont des yeux et ne savent pas voir, qui ont des sens et n'osent pas vivre !

Crois-moi, mon neveu, les crimes et les vices sont éternellement invariables et les mêmes, comme le cœur de l'homme. L'accoutumance d'abord, l'heureux manque de littérature des ordinaires témoins aussi et la discrétion salariée de beaucoup, enlèvent leur panache aux tragédies de ce temps et le secret des grands crimes ne fut jamais mieux gardé que depuis que les scribes les plus malhabiles ont la liberté de tout écrire.

Notre famille, en ces dernières années, a ajouté cependant quelques pages mouvementées, quelques pages d'horreur et d'atrocité, aux annales des crimes illustres et des royales tragédies.

Tu n'ignores pas ces choses et il est bon que tu y penses parfois, non pas pour t'apitoyer et t'attendrir, mais pour te fortifier, pour t'endurcir, pour raidir ton cœur.

Car il ne faut pas que tu te laisses aller à cette stupide sentimentalité en honneur dans les familles d'épiciers.

Il faut, comme moi, que tu puisses d'un œil indifférent, assister aux catastrophes familiales et que l'efflorescence aussi bien que la débâcle de ceux de ta race, te trouve stoïque et froid.

Si tu sens en toi un cœur qui palpite et qui vibre, fais comme moi : tue cette source de faiblesse.

Ce qu'on appelle le cœur dans la phraséologie bourgeoise est un frein à toutes les ambitions. Il est nuisible aux plus petits et il est fatal aux rois.

J'ai vu autour de moi des rêves de gloire et des effondrements tragiques, des crimes héroïques et beaux, du sang et de la boue.

Et je suis resté au milieu de tout cela indifférent et distrait dans cet égoïsme absolu qui fait toute grandeur humaine.

Qui m'a vu pleurer ? Qui m'a vu compatir ?

On m'a dit qu'on t'avait vu affligé et très en peine lors du dernier de nos drames domestiques. Je ne veux te faire à ce sujet aucun vain reproche. Qu'il demeure encore en toi quelque reste de sentimentalité, je le pardonne à ta jeunesse ; mais il convient cependant que tu surmontes sans retard cette faiblesse.

Lorsque la reine, la mère de mes enfants et qui cependant me fut toujours l'étrangère hostile, termina dans la mort sa longue et solitaire agonie, j'étais au loin, tout à d'indifférentes distractions.

La dépêche m'apporta la nouvelle attendue et je partis pour l'accomplissement des corvées funéraires.

Souvent, dans l'ennui du fastidieux

voyage, je pensai au drame long et morne sur lequel le rideau venait de descendre doucement.

Oh ! ce n'est pas, crois-le, que la moindre émotion m'eût étreint de la subite liquidation d'une involontaire et malheureuse association.

Au fond de moi-même, j'éprouvai plutôt comme un soulagement et une délivrance longtemps désirée.

Et ce n'est que pour sa beauté dramatique que je me plaisais à toute cette histoire et que je m'en remémorais les étapes diverses.

Tout d'abord, à des centaines de lieues l'un de l'autre et sans que jamais nous ayons eu le loisir de nous comprendre et de nous entendre, on nous avait mariés par procuration.

On m'amena ma femme, en grande pompe et dès lors commença la longue et sournoise lutte entre deux cœurs et deux âmes hostiles et séparés par d'insondables abîmes.

Je lui fis des enfants, cependant, puisqu'on ne marie les rois que pour qu'ils fassent des enfants et assurent leur succession.

Je haïs cette femme qui me rendit ma haine et notre union, pour comble de misère, ne me donna qu'un fils qui ne put vivre et des filles que je ne pus aimer.

Depuis longtemps et après des éclats pardonnables, je le sais, à cette âme aigrie et malade, j'avais résolu, pour la sauvegarde de mon prestige royal, de ne plus rencontrer dans la vie la triste agonisante.

Et je voulus éviter même l'émotion de lire un reproche sur la face ravagée de la morte.

Aussi avais-je donné ordre qu'on la clouât

dans son cercueil avant que je ne franchisse le seuil de sa retraite.

Près de leur mère morte je trouvai deux de ses filles — de mes filles — en larmes.

J'étais entré dans la maison avec une âme indifférente et attentif uniquement à hâter les funèbres corvées tout en observant les règles auxquelles le peuple trouve indispensable qu'on s'astreigne en de telles circonstances.

Il y avait là celle de mes filles qui longtemps fut l'héritière d'une couronne d'impératrice et qu'un lugubre destin avait menée, victime pantelante et étonnée, vers des catastrophes eschyliennes.

Elle avait pleuré et saigné, Iphigénie de mes ambitions, et puis un jour, à travers la honte et les larmes de sa vie tragique, elle avait cru entrevoir le bonheur à sa portée.

Elle avait tendu la main vers ce bonheur

malgré moi. A son cœur meurtri elle avait sacrifié le cruel orgueil. Et roi, je ne veux pas pardonner cette faiblesse vulgaire.

Qu'avons-nous à faire d'un bonheur plébéien ? Et que devient l'âpre orgueil des trônes si nous nous prostituons à ceux de la plèbe ?

Que nous prenions les joies qu'ils peuvent nous donner, c'est bien. Mais que deviendront les trônes si nous cédons à la folle chimère d'élever jusqu'à nous ce troupeau vil et si nous choisissons parmi le bétail des élus pour leur donner des droits égaux à nos droits et en faire les participants aux privilèges de notre caste ?

Ma fille n'a su comprendre cette grandeur. Ayant été presque impératrice, elle se fit roturière en s'abandonnant sans énergie aux errements de son cœur meurtri.

Iphigénie s'est faite bourgeoise et je ne peux plus en elle reconnaître la fille du roi.

Et je l'ai chassée, avec ses larmes et son deuil et toute sa faiblesse pitoyable de femme et de victime.

Le peuple, effrayé de tant d'orgueil rigide et d'inflexible hauteur, murmura et voulut juger avec son sens de troupeau. Mais bientôt il comprit qu'il venait de toucher les bords de l'abîme qui sépare le trône de la foule, et il se tut.

Aie l'âme forte et rude, mon neveu, et ne cède jamais au fol égarement du cœur.

Le drame de la vie et de la mort de la reine ne fut cependant qu'un épisode anodin dans l'histoire de notre maison.

Il n'y eut ici que d'impuissantes larmes et une haine résignée et je te dirai, pour t'endurcir et pour t'aguerrir contre la vie, d'autres histoires où aux larmes se mêlèrent du sang et de la boue.

Ma sœur fut l'impératrice éphémère d'un impossible empire, l'épouse tragique et pleurante d'un empereur d'occasion qui n'avait pas sous sa redingote bourgeoise l'âme atroce et forte du grand aventurier qu'il eût dû être et qui mourut, victime médiocre et sans grandeur d'une formidable aventure.

Cherche dans les histoires passées une folie royale à ce point lamentable ! Là-bas, dans son château sans joie, elle languit et se meurt, ma sœur, la sœur de ton père, la fille du roi, l'Impératrice. Seule et sans joie, loin de ceux qui devraient l'aimer et qu'elle aime peut-être, elle vit, si peu, et sa lente agonie n'a pas ému un instant ma sérénité et n'a suscité la compassion ni l'attendrissement des nôtres.

C'est que les Cobourg sont assez grands pour n'avoir pas de cœur !

Et puis, ce fut ma fille... Elle aussi, elle s'était assise sur les marches d'un trône et la couronne du plus vénérable des empires devait se poser sur sa tête, un jour.

Mais la couronne était trop vieille et trop lourde, et l'empire vermoulu était un peu aussi comme un vieillard retombé en enfance et ses empereurs eux-mêmes portent en eux l'impuissance sénile d'une race trop illustre et trop vieille.

Mon gendre avait eu ce malheur d'avoir une mère qui fut poète et il lui en était resté une indélébile tare.

Il avait un cœur, cet homme, et il avait des sentiments humains. Il n'était pas né pour le trône.

La bonté et la douceur bourgeoise de ma fille ne purent offrir un suffisant aliment à cette âme volcanique et ma fille n'avait ni l'intelligence ni la force qu'il eût fallu pour s'emparer de cette énergie débridée et en quelque sorte la canaliser.

J'ai toujours considéré les femmes comme une quantité négligeable et, dépité un peu de mon impuissance à procréer un mâle viable que j'eusse pu modeler à mon image, je n'ai accordé à l'éducation et au développement de mes filles qu'une attention distraite. Elles ont grandi, pauvres plantes trop frêles, sans tuteur et sans appui, sous l'œil indifférent d'une mère hautaine et incompréhensive.

Elles sont nées pour les catastrophes et leur vie ne peut être qu'une vie de misères et de hontes.

Tu connais la sanglante aventure : la maîtresse affolée d'amour, la maîtresse à la beauté tragique, à la surhumaine passion et le crime hideux et grandiose, le crime imprévu dans la maison d'Oreste et qui jamais ne trouvera parmi les pieds plats de l'écriture nationale un Sophocle pour l'immortaliser.

L'homme qui n'est plus un homme déjà et qui est là, hurlant de douleur tragique, et la femme atroce et belle, aux mains sanglantes et dont les yeux d'épouvante et de folie regardent, hagards, et attendent.

Et puis, la mort qui grimace à la porte, qui frappe à la porte et qui entre et, spectre halluciné, frappe et abat les deux spectres sanglants, ce frère et cette sœur.

Oh! cette grimace et ce rictus et ce rire de la mort et ce sang, tout ce sang au pied du trône...

Où, dans les époques tragiques, les gazetiers qui pleurent sur la banalité de ce temps, trouveront-ils tant de belle horreur et tant de folie et tant de sang ?

Et m'as-tu vu sourciller! As-tu vu une larme à l'œil du roi ?

Non, non, la pitié n'est pas une vertu royale et on n'est un vrai roi qu'à condition qu'on ait tué son cœur.

L'oubli des foules s'était à peine appesanti sur cette tragédie que le rideau se leva sur une autre plus imprévue encore et plus atroce, avec plus de boue et plus de sang.

Et c'est à tes côtés que s'est accomplie cette horreur nouvelle, c'est sur les marches de mon propre trône et ce crime boueux fit de toi l'héritier d'une couronne.

Car le destin des rois, quelque bourgeois qu'ils soient, est plein de mystère.

Né pour vivre à côté du trône, en paisible et inoffensif citoyen, un crime fait de toi un roi.

Ce crime qui vint attrister le foyer de tes parents jusque-là paisible et à l'abri, eût-on dit, des malédictions qui s'acharnent sur notre lignée, ce crime qui t'enlève un frère et fait de toi un roi, dis, t'a-t-il arraché des larmes de femme ou a-t-il rempli ton âme d'un mâle orgueil et d'un âpre contentement ?

En as-tu accueilli le deuil avec des sentiments royaux ou avec l'émotion simplement humaine d'un de tes sujets ?

Je voudrais qu'il t'ait trouvé froid et stoïque, avec même un éclair de joie farouche : tu te serais ainsi montré digne de moi et digne d'être roi.

Ton frère avait reçu d'une mère, dont l'esprit est aussi borné que ses sentiments sont louables, dans le sens populaire, cette même éducation vertueuse et étriquée qui servit à te façonner.

On ne sut pas le marier assez tôt et le jeune homme, devenu un peu plus libre, devait fatalement succomber aux invites intéressées des dames du monde, hystériques et vaniteuses. Et ce fut pour lui un grand malheur.

Il tomba dans une de ces familles illustres dans l'histoire de notre pays et dont le nom et l'orgueil survivent aux antiques vertus défuntes et leur permettent, dans leur déchéance, de se vanter d'une ascendance plus royale que la nôtre.

Et ton frère succomba, victime naïve de l'orgueil de race outragé.

La balle affolée qui le jeta, loque sanglante, aux pieds de sa maîtresse est aussi tragique que tous les poignards illustres des tragédies et ce qui suivit le crime surpasse en belle horreur tout ce qu'ont rêvé les poètes.

Ce crime devait rester secret, car il ne faut pas que le peuple sache les misères honteuses des rois et on ne pouvait déférer aux juges du commun le meurtrier par préjugé, défenseur de la gloire vaine de sa race.

Alors, une famille illustre se réunit pour juger le vengeur de son nom et ce tribunal n'a-t-il pas la beauté tragique et funèbre de la Sainte-Vehme ?

On condamna le vengeur à mourir, à disparaître ; on lui ordonna un suicide qui resterait ignoré des hommes.

Le condamné farouche s'embarque et s'en va vers le centre sauvage de l'Afrique ; il s'en va dans la volonté et la certitude de ne revenir jamais plus. Et, comme l'ombre de son remords et de sa honte orgueilleuse, un homme l'accompagne qui doit veiller à l'exécution stricte de la sentence familiale.

Ces fils des vieilles races ont les membres trop affinés et trop débiles pour résister à l'ardeur des tropiques.

La mort libératrice se présenta. Le condamné aux fièvres mortelles succomba.

Une sinistre caravane alors, pendant des jours et des jours, traversa la brousse africaine, convoyant vers le port la dépouille, afin de justifier de l'exécution de l'arrêt de la Sainte-Vehme.

Cela vaut bien les histoires que raconte Machiavel.

Ce n'est pas le dernier, mon neveu, des sombres romans qu'en ces dernières années vécut notre famille.

La seconde de mes filles s'était mariée toute jeune encore et on la pouvait croire vouée au bonheur tranquille d'une modeste destinée.

Mais je n'avais pas pris soin, je te l'ai dit déjà, de tuer le cœur de mes filles ni de former leur cerveau, si toutefois tu concèdes que les femmes ont un cerveau.

Celle-ci ne put vivre aux côtés d'un soudard.

Il eût été si facile pour elle d'en prendre discrètement à sa guise.

Mais voilà ! est-ce la revanche dans ma descendance du maudit viscère que j'ai tué en moi ? — Ma fille se laissa toute aller à la frénésie de ses instincts ; elle courut à l'éclat et au scandale, et ainsi débuta un nouveau et sombre drame.

Elle végète maintenant, folle très lucide, dans un asile et y pleure le songe évanoui. Si tu lis des romans, tu y verras des histoires de ce genre. Tu y verras aussi des chevaliers et des héros qui meurent pour délivrer des princesses emprisonnées — mais cela n'est plus vrai dans la vie.

Le jeune officier qui osa être l'aimé d'une fille de roi — et c'est encore une histoire comme on en lit dans les romans à la manière la plus noire — on l'assassine tout doucement et sans bruit dans les prisons de son pays.

Il mourra, celui-là, d'avoir touché la princesse, et c'est bien. Et si ma fille souffre et se meurt, c'est bien encore — car il ne faut pas qu'une fille de roi accorde aux sentiments vulgaires l'importance que le vulgaire y attache.

Qu'une fille de roi se prostitue à quelqu'un de ceux d'en-bas pour en tirer en secret de fortes et banales jouissances, cela n'est guère un mal. Le crime commence au moment où cesse le mystère, lorsque l'esprit et le cœur affolés suivent sur les routes du hasard les sens en délire.

Ma fille but toute la honte du crime. En d'autres temps je l'eusse sans remords envoyée au supplice. Mais comme déjà la justice, même à l'égard des leurs, n'est plus dans les mains des rois, je dus transiger avec le sentiment du vulgaire et je vouai à l'angoisse du silence éternel celle que j'ai à jamais retranchée de ma race.

Toutes ces catastrophes et ces crimes et ces misères sont trop humains pour que leur danse macabre puisse émouvoir mon âme de roi.

Je n'ai jamais frémi, je n'ai jamais tressailli et tous ces spectres ont passé dans ma vie sans qu'une ride se fasse au calme miroir de ma sérénité.

Que mes filles se consument et se meurent d'une lente agonie, que leur mère souffre et s'éteigne dans sa longue solitude, que ma sœur languisse et traîne le sombre fardeau de sa triste folie — je suis roi, moi ; je n'ai ni la volonté ni le droit de m'apitoyer et, n'ayant plus de cœur, je ne peux m'émouvoir.

Mes filles sont mortes d'avoir failli à leur race et rien ne pourra faire renaître en moi des sentiments de père.

C'est ainsi, mon neveu, que doivent agir les rois. C'est ainsi que tu devras te poser devant la vie si tu sens en ta poitrine battre un cœur de roi.

Il faut même que tu aies l'air d'apercevoir aussi peu que les gazetiers eux-mêmes, les événements sanglants et sinistres qui s'abattent sur notre maison.

Mais les gazetiers ignorent, eux, et ne savent ou n'osent pas voir. Il faut que toi tu saches, que tu regardes et que tu paraisses ignorer quand même.

Et cela surtout contribuera à faire de toi un grand roi.

CARNET XXXI

QUI EST LE DERNIER MAIS OU L'ON SE GARDE BIEN DE TIRER DES CONCLUSIONS

La morale de cette histoire, mon neveu, c'est que cette histoire n'a pas de morale. Et, en somme, il en est ainsi de toutes les histoires.

Si ces notes et ces conseils, que j'ai griffonnés au hasard des repos sur ma route, tombaient entre les mains d'un de ceux qui s'efforcent, par leurs écrits, d'intéresser ou d'ameuter le populaire, il arriverait que toutes les hypocrisies de la terre dresseraient devant moi leurs faces voilées et cracheraient sur ma sincérité toute leur vertueuse indignation.

Je n'en serais guère effrayé, d'ailleurs, et tant de colère n'arrèterait pas, sur mes lèvres, le méprisant sourire.

Je ne t'ai donné que des conseils humains et je t'ai montré la vie telle que l'humanité la veut.

Derrière les masques et leurs grimaces, derrière les apparences et les faux-semblants et les idoles vaines, je t'ai montré les réalités, belles de leur angoissante hideur.

Il n'est qu'un seul crime inadmissible et garde-toi de le commettre, car ce crime porte en lui-même son châtiment toujours que jamais encore aucun homme ne sut éluder.

Je veux te parler du crime de sincérité. Je l'ai commis dans ces carnets, et je sens que toutes les foudres des impitoyables hypocrisies menacent ma tête.

Les forts, parmi les hommes, osent seuls

se regarder eux-mêmes dans le miroir de leur âme. Ils peuvent en secret se livrer à cette contemplation. Mais ils ne seraient plus les forts et leur règne serait fini si un jour la meute des lâches et des faibles participait au spectacle.

Les lâches et les faibles, que tout apeure, et qui couvrent des fleurs d'une banale et mensongère vertu la vulgaire horreur de leur âme, n'ont pas d'autre défense contre les puissants que d'épier leurs vices et leurs sincérités, afin de susciter contre eux le ralliement de toutes les rancœurs lâches et des vindicatives faiblesses.

Le mensonge n'est un vice vulgaire que chez les débiles et les mal venus dans la vie. Il est une arme indispensable et redoutable, une arme d'attaque et de défense chez les forts et chez les intelligents.

On ne doit la vérité qu'à qui on reconnaît le droit de la connaître ; on ne doit la sincérité qu'à ceux en qui on salue des égaux.

Pourquoi devrait-on montrer son âme nue, alors qu'on prend soin de voiler sous des vêtements étudiés les vices et les laideurs du corps ?

Crois-moi, drape et orne ton âme selon que tu le jugeras avantageux pour elle, car il y a une décence de l'âme comme il y a une décence du corps.

Diogène avait l'âme et l'entendement enveloppés de plus de crasse encore que les membres. Ce n'est pas un homme qu'il cherchait, mais une idée, une fiction d'homme éclose en son étroite cervelle. Car ce philosophe, comme tous les débiles de l'esprit, ne raisonnait et ne pensait que par symboles et par idéals et sa lanterne grotesquement allumée sous le soleil de midi était elle-même un de ces dérisoires emblèmes sans quoi ne pouvait travailler son intelligence imprécise.

La foule ne tolère que les Diogène d'en bas, qui l'amusent sans l'offusquer. Elle serait impitoyable au roi qui exhiberait, dépouillée de tout prestigieux artifice, une âme humaine semblable à toutes les âmes humaines.

Si je n'avais voulu, dans ce carnet, t'enseigner la doctrine que d'ordinaire on n'enseigne pas, j'eusse perdu mon temps à te créer la corvée d'une vaine lecture.

Mais, roi, j'ai cru utile de te parler à toi, qui seras roi, un langage sans artifice et sans mensonges. J'ai voulu te montrer mon âme nue et la raisonner devant toi, afin que tu tires quelque utilité de cette heure de clinique. Tu es mon égal et je n'ai pas à user du masque devant toi, puisque la vie a fait de toi mon juge en même temps que mon successeur.

La tranquillité et le bonheur de ta vie, ou ses misères et ses déboires, dépendent en somme de mes actes et de mon règne et il est utile que tu me connaisses bien et que tu saisisses l'intention de mes actes et le sens de mon règne, afin que tu puisses administrer l'héritage selon une logique stricte et le préserver ainsi de tout accident.

Il est probable que ces carnets fourmillent de contradictions, comme la vie elle-même et que, si j'avais la patience de les relire, je barrerais de la première ligne jusqu'à la dernière ces idées qui furent les miennes naguère et que déjà je ne reconnaîtrais plus.

Tant est fragile et variable la pensée humaine qu'il sied de ne pas longuement s'arrêter à ses produits et de sourire de ceux qui accordent une valeur objective aux vaines idées.

Habille ton âme selon les conseils de ma longue expérience. Ainsi tu pourras la produire avec honneur sur les tréteaux où se joue le pitoyable drame de la vie.

Ces carnets te donnent la nudité de mon âme telle que je l'aperçus au miroir de ma conscience à quelques heures de mon existence.

A toi seul j'accorde le droit d'entendre ma vérité et de contempler ma nudité royale. Tu as charge ainsi de ma pudeur morale et, pour la défendre à jamais contre l'indiscrétion railleuse des plèbes, je veux qu'après avoir lu ces pages, tu les brûles comme un mélancolique holocauste à mes mânes et n'y penses jamais plus.

TABLE DES CARNETS

IMPRIMERIE F. DEVERDUN, BUZANÇAIS (INDRE).

www.ingramcontent.com/pod-product-compliance
Ingram Content Group UK Ltd.
Pitfield, Milton Keynes, MK11 3LW, UK
UKHW020108200726
13856UKWH00002B/440